LUCREZIA FLORIANI.

2

CORBEIL, IMP. DE CRÊTÉ.

GEORGE SAND

LUCREZIA
FLORIANI.

Première Édition.

2

PARIS

DESESSART, ÉDITEUR,

8, rue des Beaux-Arts.

1847

CHAPITRE PREMIER.

Il faut dire aussi que le prince aida la destinée par l'heureuse disposition de son esprit, et
qu'il ne fit rien pour s'apercevoir de l'étrangeté
de sa situation. Habile à se torturer, dans l'habitude de ses sombres et taciturnes rêveries, il
laissa le facile caractère et l'aimable sérénité de

la Floriani chasser ses tristes pensées et entretenir son bien-être intellectuel.

Ils ne causèrent presque point ensemble; admirable et unique moyen de s'entendre toujours
et sur tous les points ! leur amour étant à son
zénith, ne s'exprima guère qu'en brûlantes
divagations, en caresses échangées, en contem-
plations muettes ou en apostrophes passionnées,
en regards extatiques, en douces rêveries à
deux.

Si l'on eût pu lire dans ces deux âmes ainsi
plongées dans les rêves de l'idéal, on eût pourtant signalé une grande absence de similitude
et d'unité entre elles. Tandis que la Floriani,
éprise de la nature, associait à son ivresse le
ciel et la terre, la lune et le lac, les fleurs et la
brise, ses enfants surtout, et souvent aussi le
souvenir de ses douleurs passées, Karol, insen-

sible à la beauté extérieure des choses et aux
réalités de sa propre vie, noyait son imagination plus exquise ou plus libre dans un monologue exalté avec Dieu même. Il n'était plus
sur la terre, il était dans un empyrée de nuages
d'or et de parfums, aux pieds de l'Éternel, entre
sa mère chérie et sa maîtresse adorée. Si un
rayon embrasait la campagne, si un parfum
de plantes traversait les airs, et que la Lucrezia
en fît la remarque, il voyait cette splendeur et
respirait ces délices dans son rêve ; mais il n'a-
vait, en réalité, rien vu et rien senti. Quelquefois, quand elle lui disait : « Vois comme la
terre est belle ! » il lui répondait : « Je ne
vois pas la terre, je ne vois que le ciel. » Et
elle admirait la profondeur passionnée de cette
réponse sans la bien comprendre. Elle regardait les nuages de pourpre du couchant, et ne

songeait pas que l'âme de Karol voyait, bien au-dessus des nuages, un Éden fantastique où il croyait se promener avec elle, mais où il était véritablement seul. Enfin, on peut dire que la Floriani voyait la réalité avec le sentiment poétique de l'auteur de Warverley, tandis que son amant, idéalisant la poésie même, peuplait l'infini de ses propres créations, à la manière de Manfred.

Malgré ces différences, leur vol s'était élevé aussi haut que possible, et les choses d'ici-bas ne trouvaient point de place dans leurs épanchements. Ceci était tout à fait opposé aux instincts actifs, secourables, et pour ainsi dire militants de Lucrezia, elle voyageait dans ces espaces comme un aveugle-né qui recouvrerait tout à coup la vue, et qui s'essayerait en vain à comprendre tous ces objets nouveaux et inconnus. Le prince ne pouvait lui donner qu'un aperçu vague de sa propre vision. Il eût cru lui faire injure en pensant qu'elle n'avait pas la vue plus longue que lui, et qu'elle ne s'expliquait pas le prodige à elle-même mille fois mieux qu'il n'eût pu le lui expliquer. Quant à elle, perdue dans cette immensité, mais ravie de cette course aventureuse à travers un nouveau monde, elle ne songeait guère à l'interroger sur ce qu'il éprouvait. Elle sentait l'insuffisance de la parole humaine pour la pre mière fois, elle qui l'avait tant étudiée et qui s'en était si bien servi! Mais, humble comme on l'est quand on idolâtre un autre que soi-même, elle croyait que tout ce qu'elle eût pu dire ou entendre n'était rien auprès de ce que pensait et sentait son amant.

Elle n'avait pas encore éprouvé la fatigue attachée à cette tension de l'âme au-dessus de la région qu'elle habite naturellement, lorsque Salvator vint rompre le tête-à-tête, et, cependant, elle le vit arriver avec une satisfaction instinctive, et le reçut à bras ouverts. Il tombait à l'improviste, il n'avait point écrit depuis huit jours; on était un peu inquiet de lui, la Floriani plus que Karol pourtant, bien qu'elle ne l'aimât pas autant que le prince devait l'aimer, mais par suite de cette sollicitude naturelle qui trouvait moins de place dans le ravissement surhumain du jeune prince.

Ce dernier avait paru et cru désirer sans doute le retour de son fidèle ami; mais quand il entendit les grelots des chevaux de poste s'arrêter à la grille de la villa, sans qu'il sût de quoi il s'agissait, son cœur se serra. L'ancien pressentiment effacé et oublié se réveilla tout à coup. « Mon Dieu ! s'écria-t-il, en pressant convulsivement le bras de la Lucrezia, nous ne sommes plus seuls ; je suis perdu ! Ah ! je voudrais mourir maintenant !

— Mais non ! répondit-elle ; si c'est un étranger, je ne le reçois pas ; mais ce ne peut être que Salvator, mon cœur me l'annonce, et c'est le complément de notre bonheur. »

Le cœur de Karol ne l'avertissait pas, et, malgré lui, il souhaitait que ce fût un étranger, afin qu'on le renvoyât. Il reçut pourtant son ami avec un profond attendrissement; mais une tristesse involontaire s'était déjà emparée de lui. C'était un changement dans cette existence qu'il savourait si complète, et qui ne pouvait que perdre à une modification quelconque.

Salvator lui sembla plus bruyant, plus vivant

que jamais, dans le sens matériel du mot. Il ne
s'était point trouvé heureux loin d'eux, mais il
s'était distrait et amusé, en dépit des contrarié-
tés et des mécomptes que l'on trouve dans la
vie de plaisir. Il raconta tout ce qu'il pouvait
raconter de son séjour à Venise. Il parla de bals
dans les vieux palais, de promenades sur les
lagunes, de musique dans les églises, et de pro-
cessions autour de la place Saint-Marc; puis,
de rencontres fortuites et agréables, d'un ami
Français, d'une belle Anglaise de sa connaissance, de hauts personnages allemands et sla-
ves, parents de Karol; enfin il fit passer, sur
le prisme radieux ou Karol s'était oublié, la
petite lanterne magique du monde.

Dans tout ce qu'il disait, il n'y avait rien de
désagréable ni d'émouvant en aucune sorte.
Mais Karol sentit pourtant un affreux malaise,

comme si, au milieu d'un concert sublime, une vieille criarde venait mêler des sons aigus et un motif musical vulgaire, aux pensées divines des grands maîtres. On ne pouvait lui parler de personne qui l'intéressât désormais, ni de rien qui ne lui semblât au-dessous de sa situation morale, et indigne d'être mentionné. Il essaya de ne pas écouter; mais, malgré lui, il entendit Salvator dire à la Floriani : « Ah ça, que je te donne donc des nouvelles qui t'intéressent à ton tour ! J'ai rencontré beaucoup de tes amis, je devrais dire tout le monde, car tout le monde t'adore, et aucun de ceux qui t'ont vue, ne fût-ce qu'un soir et sur le théâtre, ne peut t'oublier. J'ai vu Lamberti, ton ancien associé de direction, qui pleure ta retraite et dit que le théâtre est maintenant perdu en Italie. J'ai vu le comte Montanari de Bergame, qui ne parlera,

jusqu'à son dernier soupir, que de la journée
que tu as bien voulu passer dans sa villa ; et le
petit Santorelli qui est toujours amoureux de
toi !... et la comtesse Corsini qui t'a connue à
Rome, et chez laquelle tu as bien voulu lire, un
soir, un drame de son ami l'abbé Varini ! une
mauvaise pièce, à ce qu'il paraît, mais que tu as
si bien dite, que tout le monde l'a crue bonne
et que tous les yeux ont été baignés de pleurs.

— Ne me rappelle pas mes vieux péchés, répondit la Lucrezia. C'en est un mortel, peut-
être, que de déclamer avec soin et conscience
une platitude. C'est tromper l'auteur et l'audi-
toire. Dieu merci, je ne suis plus exposée à
commettre de pareilles fautes ! Et dis-moi, qui
as-tu rencontré encore ?

Le prince soupira. Il ne concevait pas que
tout cela pût intéresser sa maîtresse. Salvator

nomma encore une demi-douzaine de personnes, et la Floriani, qui n'y mettait réellement
aucun intérêt marqué, l'écouta cependant avec
cette obligeance qu'on doit à ses amis. Mais il y
eut un nom qu'elle recueillit pourtant avec une
certaine sollicitude. C'était celui de Boccaferri,
un pauvre artiste qu'elle avait sauvé plusieurs
fois des désastres de la misère, quoiqu'elle n'eût
jamais eu pour lui le moindre amour, ni la plus
légère velléité d'engouement.

— Quoi ! encore une fois endetté à ce point ?
dit-elle, lorsque Salvator lui eut donné de ses
nouvelles avec un certain détail : il est donc
impossible de le sauver de son désordre et de
son imprévoyance, ce malheureux !

— Je le crains.

— C'est égal, il faudra l'essayer encore.

— J'ai prévenu ton désir, je lui ai donné quelques secours.

— Oh! je t'en remercie, c'est bien de ta part! Je te restituerai cela, Salvator.

— Quelle folie! tu veux m'empêcher de faire la charité?

— Non, mais celle-ci n'est peut-être pas très-bien placée, et c'est à ma considération que tu l'as faite, car tu connaissais très-peu Boccaferri, et je suis sûre qu'il s'est servi de mon nom pour t'intéresser à son sort.

— Qu'importe! Il ne pouvait invoquer une patrone plus puissante. D'ailleurs, je l'aime, ce drôle-là, il m'amuse. Il a tant d'esprit!

— Et tant de talent! ajouta la Floriani, s'il voulait et s'il savait en faire usage! Pauvre Boccaferri!...

Karol n'en entendit pas davantage; il était

resté un peu en arrière, dans l'allée du parc où l'on se promenait en causant ainsi. Puis, il s'arrêta, et regarda si, au détour de cette allée, Lucrezia se retournerait pour le regarder. Mais elle ne se retourna pas ; elle était occupée à chercher avec Salvator un moyen d'employer le savoir-faire de Boccaferri, comme peintre de décorations à tout autre théâtre que Milan, Naples, Florence, Rome, Venise, etc., etc., tous lieux d'où son inconduite et son humeur fantasque l'avaient fait chasser successivement.

— Tu dis que trois cents francs de plus le décideraient peut-être à entreprendre le voyage de Sinigaglia où il trouverait de l'occupation, du moins pendant le temps des fêtes ? Eh bien ! je vais les lui envoyer, car je comprends bien le dégoût qu'il éprouve à arriver, pressé d'ar-

gent, et forcé de se mettre à la discrétion de
ceux qui l'emploient. C'est ainsi que la misère
engendre et décuple la misère ! »

En parlant ainsi, la Lucrezia ne songeait qu'à
remplir un devoir de pitié et de charité ; et
même, par un de ces instincts de pudeur qui
sont propres à la bienfaisance, elle avait baissé
la voix, et hâté un peu le pas pour n'être point
entendue de Karol, peut-être aussi parce qu'elle
pressentait que c'était là un sujet trop vulgaire
pour l'intéresser.

Mais, par malheur, elle se trompa, pour la
première fois, dans ce qui convenait à la disposition de son esprit. Il ne s'intéressait que trop
à ce qu'elle disait ; il eût voulu n'en pas perdre
un mot, et cependant, il eut rougi d'essayer de
l'entendre malgré elle. Il s'arrêta, hésita un
instant, et quand il l'eut perdue de vue, un ver-

tige le saisit, et il s'imagina qu'un abîme venait de se creuser entre eux.

Que s'était-il donc passé, et qu'y avait-il là, qui dût le faire souffrir? Rien! mais il faut moins que rien pour faire tomber, du sommet de l'empyrée au fond des gouffres de l'enfer, celui qui aspire à la gloire des dieux. Ces vieux classiques, dont nous nous sommes si sottement moqués, imaginèrent qu'une mouche avait suffi pour précipiter dans les abîmes de l'espace l'audacieux mortel qui voulait guider le char de Phœbus dans sa route céleste. Trouvons donc aujourd'hui une métaphore plus juste et plus ingénieuse pour exprimer le peu que nous sommes, et le peu qu'il faut pour troubler nos ravissements sublimes! mais je ne m'en charge pas; je ne puis que dire en vile prose: le prince Karol avait pris trop haut son essor pour redescendre peu à peu. Il fallut tomber tout à coup et sans cause apparente. Ils étaient sans doute bien fougueux et bien robustes, les coursiers-géants du soleil : et le taon qui leur fit prendre le mors aux dents est un bien pauvre et bien petit insecte !

Karol quitta le jardin, courut s'enfermer dans sa chambre, et s'y promena, poursuivi par les Furies. Cette âme, tout à l'heure si magnanime et si forte, n'était plus que le jouet des plus misérables illusions. Qu'était-ce donc que ce Boccaferri si intéressant aux yeux de Lucrezia? Quelque ancien amant peut-être ! Il se rappelait ce que, depuis le premier jour de leur rencontre, il avait totalement oublié, à savoir qu'elle avait eu beaucoup d'amants. — Et pourquoi revenait-elle avec tant de sollicitude à un souvenir indigne d'elle, lorsque lui, le fiancé de Lucie, il avait sacrifié jusqu'au portrait de cette chaste vierge, pour n'avoir pas seulement l'image d'une autre que Lucrezia en sa possession ?

Plus il s'efforçait d'expliquer naturellement un fait si simple, plus il y trouvait de mystère et de complications désespérantes. Elle avait baissé la voix, elle avait doublé le pas en parlant avec Salvator. Cela était bien certain. Elle ne s'était pas retournée au bout de l'allée pour voir s'il la suivait : elle qui, depuis un mois, n'avait pas perdu une seconde du temps qu'elle pouvait lui consacrer sans négliger ses devoirs de famille ! Et maintenant elle marchait encore, appuyée sur le bras du comte, parlant avec chaleur sans doute de ce terrible souvenir, de ce mystérieux personnage dont elle ne lui avait jamais dit un mot ! Il s'étonnait de cela, comme

si la Floriani lui avait jamais rien raconté de
sa vie, comme s'il ne l'avait pas cent fois con-
jurée, au contraire, de ne jamais s'accuser devant lui, et d'oublier en masse toutes les émotions du passé, pour se concentrer dans la
jouissance du présent.

Enfin elle ne revenait pas, elle ne se demandait pas où il pouvait être, pourquoi il l'avait
quittée. Les minutes duraient des heures, des
années ! Et Salvator, cet ami sans délicatesse,
qui venait la distraire par de pareils soucis et
jeter des noms empoisonnés dans la coupe de
leur bonheur ! Karol souffrit tant dans l'espace
d'un quart d'heure, qu'il lui sembla avoir vieilli
d'un siècle, quand il entendit, en frissonnant,
les voix de la Floriani et du comte passer sous
sa fenêtre. Elle riait ! Salvator lui rappelait des
bons mots, des traits d'originalité de Bocca-

ferri. Vraiment elle en riait, et son amant subissait la torture sans qu'elle daignât s'en douter!

Certainement, elle était bien loin de s'en
douter, la pauvre Lucrezia! Elle n'était guère
inquiète de ne pas le voir à ses côtés, et se disait seulement que, ce sujet de conversation lui
étant étranger, il avait préféré s'ensevelir dans
ses rêveries accoutumées. Combien de fois,
lorsqu'elle approchait de la chaumière de Menapace, ne lui avait-il pas dit qu'il aimait mieux
ne pas y entrer, et attendre sous les acacias
roses, au bord du lac, pour continuer à s'entretenir avec elle en imagination!

Cependant l'instinct du cœur la ramenait
vers lui plus vite que Salvator ne l'eût souhaité.
Il eût voulu la retenir dans le parc et la faire
parler de son amour. Mais elle avait fait assez

de pas dans la voie d'exclusion que Karol lui avait ouverte, pour n'être pas aussi pressée qu'elle l'était ordinairement de s'abandonner avec franchise à la confiance et à l'amitié. Elle craignait, cette fois, de mal exprimer l'immensité de son bonheur, ou de n'être pas assez complétement comprise. Elle répondit en peu de mots; et, avec plus de finesse qu'elle n'en avait de son propre mouvement, elle ramena la conversation sur Boccaferri et la promenade vers la maison, car elle cherchait en vain Karol dans le jardin. Ses regards ne l'y découvraient point.

A peine rentrée au salon, elle prit le premier prétexte, et monta à l'appartement du prince. Il était dans un état si violent, que sa figure en était bouleversée. Il sentait, d'ailleurs, une sourde fureur gronder au fond de sa poitrine. Craignant de ne pouvoir feindre, ne voulant pas se montrer ainsi et perdant la tête, dès qu'il entendit marcher dans la galerie, il se précipita dans l'escalier par une autre porte, et, laissant la Floriani le chercher et l'appeler, il s'enfuit sur la grève du lac.

Mais bientôt, voyant sortir des bosquets voisins le nuage de tabac que Salvator promenait toujours comme une auréole autour de sa tête, il pensa que son ami allait le rejoindre, et, craignant ses regards encore plus que ceux de Lucrezia, il se jeta dans la cabane de roseaux du vieux Menapace, certain qu'on ne viendrait pas le chercher là où il ne pénétrait jamais. Il venait de voir le vieillard quitter le rivage sur sa barque, avec Biffi, et Karol se flattait de pouvoir rester seul encore le temps nécessaire pour retrouver l'empire de sa volonté et l'apparence du calme.

CHAPITRE II.

Il ne tarda pas à se tranquilliser, en effet, et
à se reprocher d'avoir fait un rêve monstrueux.
L'aspect de cette chaumière dans laquelle il
n'était jamais entré encore depuis le jour de
son arrivée, et qu'à ce moment-là il n'avait nul-
lement examinée, le remplit d'une émotion

étrange lorsqu'il s'y trouva seul et sous l'empire
de la passion.

L'intérieur de cette maison rustique, entre-
tenu avec la propreté dont Biffi était doué, n'a-
vait subi aucun changement depuis l'enfance
de la Floriani, et si le vieux pêcheur avait consenti à grandpeine à des réparations nécessaires concernant la solidité et l'assainissement,
il n'avait pas voulu permettre qu'on renouvelât
ses meubles et qu'on rajeunît l'étoffe grossière
de ses rideaux. Le seul objet qui sentît la civi-
lisation, c'était une grande gravure encadrée
de palissandre et placée dans le fond du lit du
vieillard. Karol se pencha pour la regarder ;
c'était la Floriani, dans toute sa beauté, dans
toute sa gloire, en costume de Melpomène, avec
le diadème antique, l'épaule nue, le sceptre
à la main. Une belle vignette encadrait cette

noble figure, et portait dans ses ornements les divers attributs de plusieurs Muses : le masque de Thalie, le brodequin à côté du cothurne, la trompette, les livres, les perles, les myrtes de Calliope, d'Érato et de Polymnie. Un distique, en vers italiens d'un goût académique, exprimait l'idée que, comme tragédienne , comédienne, poète héroïque et historique, *letterata*, etc., etc., Lucrezia Floriani réunissait en elle tous les talents et toutes les sciences qui font la gloire du théâtre et des lettres.

Cette gravure était un hommage des dilettanti de Rome, que la Floriani n'avait pas voulu placer dans sa villa, et dont son père s'était emparé, parce qu'il avait ouï dire à un domestique qu'une aussi belle épreuve valait 200 fr.

Il l'avait placée au-dessus d'un petit pastel qui intéressa Karol bien davantage et qui re-

présentait une petite fille de dix à douze ans,
en costume de paysanne, avec une rose sur
l'oreille, une grande épingle d'argent dans les
cheveux, une fine chemisette blanche et un
corset rouge-brique. Ce portrait, sans être
d'une exécution habile, était d'une naïveté
charmante. C'était bien là l'air franc et candide
d'un enfant, intelligent par la pensée, simple
par le cœur et l'éducation. Au-dessous, on lisait : *Antonietta Menapace, dessinée d'après nature à l'âge de dix ans, par sa marraine Lucrezia
Ranieri.*

En voyant ces deux portraits qui présentaient
là, sous le chaume natal, un si étrange contraste,
la petite fille des champs et la grande artiste,
l'enfant obscur et heureux, et la femme célèbre
et infortunée, la première si jolie, si paisible,
avec son sourire d'innocence et d'abandon

enjoué, sa forte poitrine de garçon chastement couverte d'une épaisse et rude chemise : la seconde si belle, si sévère, avec son regard expressif, son attitude superbe, son sein de déesse à peine voilé par la draperie classique, Karol eut un sentiment d'effroi et de douleur. Il ne pouvait nier que les deux portraits ne fussent ressemblants, et que Lucrezia n'eût conservé ou recouvré, dans le calme de sa vie actuelle, beaucoup de l'expression suave et touchante de l'innocente Antonietta Menapace. Mais ce qu'elle avait acquis de noblesse, de grâce et de séduction en devenant la Floriani, avait laissé aussi une empreinte qui, pour la première fois, lui fit peur, lorsqu'il vit son image aussi ornée et *révélée* par l'admiration des artistes. Cette auréole lui brûlait les yeux, et il avait besoin de les reporter sur la rose des champs qui paraît le front de la petite fille. Il lui semblait que la Muse échappait par le passé à sa jalouse possession, tandis que l'enfant, n'appartenant qu'à Dieu, ne lui était point disputée.

Il eut pourtant le courage d'examiner minutieusement la Muse ; mais quel fut son trouble lorsqu'il lut en petits caractères, au-dessous de la vignette, que cet ornement avait été composé et dessiné par *Jacopo Boccaferri ?*

Il l'avait oublié, et il le retrouvait là, ce nom maudit, qui, bien à tort sans doute, bouleversait son imagination depuis une heure. Boccaferri n'était pas l'auteur du portrait ; c'était la signature d'un artiste plus célèbre, mais enfin il avait travaillé à cet ouvrage ; il avait peut-être vu la Floriani poser devant le peintre avec cette tunique transparente, et dans cet éclat de jeunesse, de force et de beauté, dont lui, Karol, ne possédait plus que le déclin. Enfin, il l'avait beaucoup connue, et bien intimement, ce Boccaferri, puisqu'il acceptait d'elle des secours sans rougir ! A quel point, à moins d'être un misérable, faut-il être lié avec une femme pour recevoir l'aumône de sa main? et si c'était, en effet, un artiste avili par le désordre et la débauche jusqu'à mendier, comment Lucrezia, cette sainte que Karol adorait, avait-elle de semblables amis?

« Quand on est la maîtresse du prince Karol, comment peut-on se rappeler de pareils camarades ! »

L'orgueil insensé, qui naît de l'amour et engendre la jalousie, ne formule pas clairement de pareilles sottises dans la conscience de l'homme qu'il possède. Mais il les lui souffle si bas à l'oreille qu'il en est transporté de colère,

sans pouvoir se rendre compte de ce qui produit en lui cette rage et cette douleur.

Karol prit sa tête à deux mains et fut tenté
de se la frapper contre les murs. Si les actes de
violence n'eussent été en dehors de ses habitudes et de ses principes d'éducation, il eût
anéanti cette image fatale. Mais il se calma peu
à peu en contemplant la fière sérénité de ce regard attaché sur lui. Le regard d'un portrait
bien rendu a en soi quelque chose d'effrayant
par cette fixité rêveuse qui semble vous interroger sur ce que vous pensez de lui. Karol en
subit le prestige. La tragédienne semblait lui
dire : « De quel droit m'interroges-tu ? Est-ce
que je t'appartiens ? Est-ce toi qui m'as donné
mon sceptre et ma couronne ? Baisse tes yeux
curieux et insolents, car je ne baisse jamais les
miens, et ma fierté brisera la tienne. »

Le cerveau de Karol, affaibli déjà par cette lutte violente contre lui-même, passa par diverses hallucinations. Il détourna ses yeux avec un sentiment de terreur puérile, et les reporta sur le charmant pastel. Il y découvrit des grâces nouvelles, et, vaincu peu à peu par la pureté de son regard doux et profond, il fondit en larmes, croyant presser sur son cœur la tête brune de l'angélique Antonietta.

La Lucrezia, qui l'avait cherché partout et qui venait demander à son père ou à Biffi, s'ils ne l'avaient point rencontré, entra en cet instant, et, tout effrayée de le voir pleurer ainsi, elle s'élança vers lui et le serra dans ses bras avec anxiété, en lui prodiguant les plus doux noms et les questions les plus inquiètes.

Il ne pouvait ni ne voulait répondre. Comment lui eût-il avoué et fait comprendre tout

ce qui venait de se passer en lui? Il en rougissait, et il faut dire, à la gloire de l'amour, que si
Karol avait eu la précipitation et l'injustice d'un
enfant gâté, il eut aussitôt l'effusion de recon-
naissance et d'amour d'un enfant qu'on a bien
sujet d'adorer. A peine eut-il senti l'étreinte de
ces bras puissants, qui lui avaient servi de re-
fuge contre les terreurs de la mort, à peine son
cœur, paralysé par la souffrance, se fut-il ra-
nimé au contact de ce cœur maternel, qu'il oublia sa folie et se sentit encore le plus heureux,
le plus soumis, le plus confiant des mortels.

Il eût mieux aimé mourir en cet instant que
d'outrager sa chère maîtresse par l'aveu d'un
soupçon. Il avait sous la main un prétexte bien
touchant et bien simple pour lui expliquer son
émotion et ses larmes; ce fut de lui montrer le petit pastel, et la Floriani, attendrie de

cette délicatesse de cœur, pressa contre ses lèvres avec enthousiasme les belles mains et les beaux cheveux de son jeune amant. Jamais elle ne s'était sentie si heureuse et si fière d'inspirer un grand amour. Elle ne se doutait guère, la pauvre femme, que, peu de minutes auparavant, elle lui était presque un objet d'horreur.

— Cher ange, lui dit-elle, je n'aurais jamais osé vaincre la répugnance que tu éprouvais à entrer ici. J'avais bien deviné, quoique tu ne m'en eusses jamais parlé, que les bizarreries de mon vieux père ne pouvaient te sembler aimables : mais puisque le hasard, ou je ne sais quel instinct de cœur, t'a amené dans ma chaumière natale, et puisque nous sommes seuls, je veux te la montrer en détail. Viens !

Elle le prit par la main, et le conduisit au

fond de la pièce où ils se trouvaient, et qui, avec celle où ils entrèrent et une sorte de cellier, encombré de vieux meubles brisés et hors de service, dont Menapace ne voulait pas perdre les morceaux, composait tout ce local rustique.

La chambre que la Lucrezia ouvrait au prince était celle qu'elle avait habitée durant son enfance ; c'était une espèce de soupente, éclairée d'une seule lucarne étroite, toute tapissée à l'extérieur de vignes sauvages et de folles clématites. Un grabat, avec une paillasse de roseaux, couverte d'indienne raccommodée en mille endroits, des figurines de saints en plâtre grossièrement coloriées, quelques dessins collés à la muraille et tellement noircis par le temps et l'humidité, qu'on n'y distinguait plus rien, un pavé raboteux et inégal, une chaise.

un coffre et une petite table en bois de sapin,
tel était l'intérieur misérable où la fille du pêcheur avait passé ses premières années et senti
couver en elle les dons de la force et du génie.

— C'est là que mon enfance s'est écoulée,
dit-elle au prince, et mon père, soit par esprit
de conservation, soit par un reste de tendresse
mal étouffée sous ses ressentiments austères,
n'y a rien changé, rien dérangé pendant ma
longue et dure pérégrination à travers le monde.
Voilà mon lit de petite fille, où je me souviens
d'avoir dormi, les jambes pliées et douloureuses, à mesure que je devenais trop grande pour
l'occuper. Voilà, à mon chevet, une branche de
buis bénit qui tombe en poussière, et que j'y
ai attachée le jour des Rameaux, la veille de
mon départ... de ma fuite avec Ranieri ! Voilà
le portrait de Joachim Murat, cette grossière

statuette de plâtre, qu'un colporteur m'avait vendue pour l'effigie de mon patron saint Antoine, et devant laquelle j'ai fait si longtemps mes prières de la meilleure foi du monde. Tiens, voici encore un dévidoir, des moules et des navettes qui m'ont servi à faire des filets pour les poissons. Ah! que de mailles j'ai sautées ou rompues, quand ma tête m'emportait loin de ce travail monotone, le seul que mon père me permît, en dehors des soins du ménage! Comme j'ai souffert du froid, du chaud, des cousins, des scorpions, de la solitude et de l'ennui, dans cette chère petite prison! comme je l'ai quittée avec joie, et sans même songer à lui dire un adieu, le jour où ma chère marraine me dit : « Tu deviendrais malade ou contrefaite si tu restais dans cette chambre et dans ce lit. Viens demeurer chez moi. Tu n'y seras pas aussi bien que je le voudrais et que tu pourrais l'être, car mon mari, pour être plus riche que ton père, n'est pas moins économe. Mais je veillerai à tes besoins en cachette, je t'apprendrai tout ce que tu as soif d'apprendre, tu me soigneras dans mes souffrances, tu me tiendras compagnie. Tu passeras pour ma servante, car M. Ranieri ne me permettrait pas de te prendre pour amie. Mais nous ne le serons pas moins dans cet échange de services. » Admirable et excellente femme, qui devina mes facultés et me les fit découvrir à moi-même ! Hélas ! c'est elle aussi qui m'a fait cueillir le fruit du bien et du mal à l'arbre de la science !

« Et puis, quand son fils m'aima et que le vieux Ranieri me chassa de sa maison, je revins habiter encore une fois ma petite chambre misérable ; j'avais alors quinze ans. Mon père vou-

lait me forcer à épouser un rustre de ses amis,
trop vieux pour moi, dur, laborieux, avide de
gain, violent, et bien surnommé *Mangiafoco*.
J'en avais peur. Je me cachais dans les buissons
du rivage pour l'éviter ; et quand mon père allait pêcher la nuit, aux flambeaux, je me bar-
ricadais dans cette pauvre soupente, dans la
crainte de ce Mangiafoco que je voyais rôder
autour de la maison. Mon jeune amant voulait
le tuer. Je vivais dans des transes affreuses, car
Mangiafoco était capable de l'assassiner le premier.

« Cette existence n'était pas supportable.
Quand je suppliais mon père de me protéger
contre ce bandit, il me répondait :« Il ne te veut
pas de mal, il t'aime à la folie. Épouse-le, il est
riche ; ce sera ton bonheur. » Et, quand j'es-
sayais de me révolter, il me reprochait mon

amour insensé pour le fils de mes maîtres et
me menaçait de me livrer à la passion brutale
de Mangiafoco, qui saurait bien ainsi me forcer
à devenir sa femme. Mon père ne l'eût pas fait,
je le savais bien, car je l'avais entendu dire à
cet homme qu'il le tuerait s'il cherchait seulement à m'effrayer. Mais si mon père était capable de venger ainsi l'honneur de sa famille,
il n'avait pas assez de délicatesse pour ne pas
essayer de violenter mon penchant par la terreur. En outre, l'ennui me dévorait. Je m'étais
fait, auprès de ma bienfaitrice, une douce habitude des occupations de l'intelligence. Le travail fastidieux du filet laissait trop libre carrière à mon imagination. J'étais dévorée du
rêve et du désir d'une existence toute contraire
à celle qu'on m'imposait. J'acceptai donc les
offres longtemps repoussées de Ranieri. Notre

amour était chaste encore : il me jurait qu'il le
serait toujours et qu'en le voyant fuir, son père
consentirait à notre mariage. Enfin, il m'enleva,
et c'est par cette petite fenêtre, qu'à l'aide
d'une planche jetée sur l'eau qui en baigne le
pied, je me sauvai au milieu de la nuit.

« Eh bien ! cette fois, je ne quittai pas ma
chaumière avec joie. Outre l'effroi et le remords de la faute que je commettais, j'éprouvais, à me séparer de tous ces vieux meubles, témoins paisibles et muets des jeux de
mon enfance et des agitations de ma puberté,
un regret incroyable, comme si j'avais la révélation soudaine des chagrins et des malheurs
que j'allais chercher, ou bien plutôt par
suite de cet attachement que nous contractons
pour les lieux mêmes où nous avons le plus
souffert. »

La Floriani avait tort de raconter ainsi une partie de sa vie au prince Karol. Elle se plaisait à lui ouvrir son cœur, et, comme il l'écoutait avec émotion, elle croyait accomplir un devoir envers lui et le trouver reconnaissant. Mais il n'avait pas assez de force en ce moment pour recevoir des confidences de ce genre et pour entendre seulement prononcer le nom d'un ancien amant. Il était trop oppressé pour l'interrompre par la moindre réflexion, mais une sueur froide lui venait au front, et son cerveau, s'emparant des images qu'elle lui présentait, en était assiégé de la manière la plus pénible.

Cependant, ce récit était une justification véridique de la Floriani et de cette première faute, source fatale de toutes les autres. Karol sentait qu'il n'avait pas le droit de se refuser à l'écouter, et qu'il y avait, dans ce lieu et dans ce moment, une sorte de solennité qu'il ne pouvait fuir.

— Je n'avais pas besoin d'entendre tout cela, lui dit-il enfin avec effort, pour savoir que vous n'avez jamais obéi à de mauvais instincts. Je vous l'ai dit une fois : ce qui serait mal de la part des autres est légitime pour vous Une fille qui délaisse son vieux père est coupable; mais toi, Lucrezia, tu étais peut-être autorisée à te soustraire à sa loi brutale et impie ! Mon Dieu ! j'avais bien raison de ne pouvoir regarder ce vieillard sans un mortel déplaisir !

— Ne te hâte pas de le condamner pour atténuer mes torts, reprit la Floriani. Tu ne le juges pas bien et tu ne le connais pas. Laisse-moi, après l'avoir accusé devant toi, te montrer le beau côté de son caractère. C'est un devoir pour moi, n'est-il pas vrai?

Karol soupira en faisant un signe d'assentiment, ses principes lui commandant de respecter la piété filiale de Lucrezia; mais son instinct ne pouvait accepter l'avarice et le despotisme étroit d'un pareil père. Il était pourtant lui-même bien plus avare de Lucrezia, dans ses instincts de jalousie, que Menapace ne l'avait jamais été de son autorité paternelle et de son argent.

CHAPITRE III.

« Les hommes ne sont jamais logiques et complets dans leurs meilleures ni dans leurs plus mauvaises qualités, dit la Floriani ; et, pour ne point passer, envers eux, d'un excès d'estime à un excès de blâme, pour conserver de l'affection et de la confiance à ceux que le devoir nous prescrit d'aimer, il faut se faire d'eux une juste idée, voir avec un certain calme le bien et le mal, et ne pas oublier surtout que chez la plupart des hommes un vice est parfois l'excès d'une vertu.

« Le vice de mon père, c'est la parcimonie ; je veux le dire bien vite, puisqu'il le faut pour reconnaître que sa vertu, c'est l'esprit d'équité et le respect fanatique de la règle établie. Aimant l'argent avec passion, comme tous les paysans, il se distingue d'eux en ce que le vol d'un fétu lui paraît un crime. Sa petitesse, c'est l'éternelle crainte du gaspillage qui amène la misère. Sa grandeur, c'est ce même instinct d'avarice mis au service de ceux qu'il aime, au détriment de son bien-être, de sa santé, et presque de sa vie.

« Ainsi, il amasse mesquinement et vilaine-

ment, je l'avoue, je ne sais quel misérable trésor enfoui, je gage, dans quelque recoin de cette
chaumière. De temps en temps il achète de petits morceaux de terrain, croyant placer là l'honneur et la dignité future de ses petits-enfants.
Essayer de lui persuader qu'une bonne éducation, un noble caractère et des talents sont un
meilleur fonds à leur assurer, c'est chose fort
inutile. Resté paysan de corps et d'âme, il ne
comprend que ce qu'il voit. Il sait comment
l'herbe croît et comment le blé germe, et, ne
se doutant pas qu'il y a là un plus grand miracle que dans toutes les œuvres humaines, il
dit tranquillement que c'est un *fait naturel*. Par-
lez-lui de ces choses qui peuvent se démontrer
et s'expliquer, d'un bateau à vapeur, par exemple, ou d'un chemin de fer, il sourit et ne ré-
pond pas. Il ne croit pas à l'existence de ce

qu'il n'a pas vu, et si on lui disait d'aller à l'autre rive du lac pour s'en convaincre par ses yeux, il n'irait pas, dans la crainte d'une mystification.

« Ma vie ne lui a rien appris du monde, des arts, de la puissance des dons intellectuels, de l'échange des idées. Il n'a jamais fait de questions là-dessus, et n'entendrait pas parler sans déplaisir de ce qui lui est absolument étranger. Il pense que si j'ai fait fortune dans la carrière de l'art, c'est grâce à des circonstances fortuites qu'il ne me conseillerait pas de tenter une seconde fois. Et puis, il fait ce raisonnement très-spécieux et très-naïf à la fois : « Vous autres artistes, vous gagnez beaucoup d'argent, mais vous avez besoin d'en dépenser encore plus. Ce goût-là vous vient en vous fréquentant les uns les autres et en courant le monde. De

sorte que vous travaillez à outrance pour arriver à vous amuser un peu. Moi, qui ne dépense
rien, qui n'ai pas le goût du plaisir, je gagne
moins, mais ce que j'ai acquis, je le conserve.
Ma profession est donc plus agréable et plus lu-
crative que la vôtre; vous êtes pauvres et je suis
riche, vous êtes esclaves et je suis libre. »

« De là son peu d'estime et d'admiration
pour la gloire que j'ai acquise. Il n'en est point
flatté, et, si vous voulez que je vous le dise, cette
sorte de dédain pour la fumée de mes triomphes me paraît un des côtés les plus intéressants
et les plus respectables de son caractère. La
carrière que j'ai fournie a trop contrarié ses
idées d'ordre élémentaire pour qu'il m'ait conservé une grande tendresse; d'ailleurs, la tendresse proprement dite n'a jamais habité son
cœur. Tout se traduit chez lui en principes

d'équité rigide et froide. Quand ma mère mou-
rut en me donnant le jour, il fit serment de ne
jamais se remarier si je vivais, persuadé qu'une
belle-mère ne pouvait aimer les enfants d'un
premier lit. Et il tint son serment, non par
amour pour la mémoire de sa femme, mais par
sentiment de son devoir envers moi. Il m'a éle-
vée avec toutes sortes de soins et une surveillance dont peu d'hommes sont capables envers
un petit enfant : mais je ne crois pas qu'il m'ait
jamais donné un baiser. Il n'y a jamais pensé.
Il n'a jamais senti le besoin de me presser contre
son cœur, et il trouve que je gâte mes enfants
parce que je les caresse. Il demande quel bien
cela leur fait et quels avantages ils en retirent.
Quand, après quinze ans d'absence, je suis ve-
nue me jeter à ses pieds, en me confessant à lui
avec ferveur, et en tâchant de justifier ma con-

duite : « Tout cela ne me regarde pas, m'a-t-il
répondu, je n'entends rien à ce qui est permis
ou défendu dans le monde dont tu me parles.
Tu as refusé le mari que je te destinais, tu m'as
désobéi : voilà ce que j'ai à te reprocher. Tu as
aimé le fils de ton maître et tu l'as détourné de
l'obéissance qu'il devait à son père, cela est
mal et pouvait me faire du tort. Ces gens-là n'y
sont plus, tu reviens, et tu m'as fait beaucoup
de cadeaux. Je sais comment je dois me conduire avec toi. Ne parlons jamais du passé, il y
a une fin à tout, et je te pardonne, à condition
que tu élèveras tes enfants dans des idées d'ordre et de sagesse. » Là-dessus il me donna une
poignée de main, et tout fut dit.

« Eh bien, mon ami, j'ai vu, dans ma vie de
théâtre, l'intérieur de bien des familles d'artistes, et je vais vous dire ce qui s'y passe dix fois

sur douze. L'artiste, surtout l'artiste dramatique, est toujours sorti des rangs les plus pauvres et les plus obscurs de la société. Soit que
ses parents l'aient destiné à leur servir de ga-
gne-pain, soit que le hasard et des protections
étrangères aient révélé et utilisé ses aptitudes,
dès son premier succès, fût-il encore enfant, le
voilà chargé de soutenir, de transporter, de vê-
tir, de nourrir et même d'amuser sa famille.
C'est lui qui payera les dettes de ses frères, c'est
lui qui établira ses sœurs, c'est lui qui placera
en rentes tout le fruit de son travail pour assurer une belle pension à ses père et mère, le jour
où il voudra leur acheter sa liberté.

« Ce sont les femmes surtout qui subissent
ces dures nécessités, et ce serait juste et bien,
si on n'abusait pas indignement de leurs forces, de leur santé, et pis encore, hélas ! de leur

honneur, pour rendre le gain plus rapide, et les
mettre, par la prostitution, à l'abri d'une chute
devant le public. Le théâtre, dans ce cas-là,
sert encore d'étalage de vente, et telle fille stupide et belle paye pour se montrer, ne fût-ce
qu'un instant, sur les tréteaux, dans un costume
équivoque, afin de se faire connaître et de trouver des chalands.

« Quand, par hasard, cette fille, cette dupe,
cette victime a du caractère et de la fierté, soit
qu'elle ait su préserver son innocence, soit
qu'elle ait le juste ressentiment d'avoir cédé à
d'infâmes suggestions, dès quelle menace de
rompre avec sa famille, la famille plie, tremble,
adule et rampe. Je les ai vus, ces pères éhontés,
ces mères odieuses, tenir le cachemire et le vit-
choura dans la coulisse, baiser presque les
pieds qui avaient dansé à mille francs par soi-

rée, remplir, à la maison, l'office de laquais,
faire un nid d'ouate à la poule aux œufs d'or,
enfin descendre à une servilité sans exemple,
aux plus lâches complaisances, aux flatteries les
plus viles, pour conserver l'honneur et le profit
d'être attachés à la grande coquette, à la prima-
donna, ou seulement à la courtisane à la mode.

« Ces familles-là m'auraient fait pleurer de
honte, et, quand je songeais à mon vieux père,
le paysan, qui n'avait pas voulu quitter ses filets
pour venir partager mon luxe, qui refusait de
répondre à mes lettres, qui recevait mes envois
d'argent pour faire une dot à mes filles, mais
qui persistait à se lever devant le jour, à dormir sous le chaume et à vivre avec deux sous
de riz par jour, il me semblait que j'étais d'une
naissance illustre, et je me sentais encore fière
du sang plébéien qui coulait dans mes veines.

« Il est bien vrai que, comme dans toutes les
choses humaines, il y a des misères et des ridicules mêlés à tout cela. Il est vrai que mon
père refusait mes lettres quand j'oubliais de les
affranchir : il est vrai qu'aujourd'hui il déplore
ce qu'il appelle ma prodigalité, et que, quand
il a vendu son poisson, il montre une pièce
d'argent à Célio d'un air de triomphe, en lui
disant : « A ton âge je gagnais déjà cela, et à
« l'âge que j'ai maintenant, je le gagne en-
« core. Je te donnerai cela pour t'aider, quand
« tu commenceras à avoir un état et à vouloir
« gagner aussi. » Il est vrai encore que, s'il me
voyait donner cent francs à un malheureux camarade sans ressources, il m'accablerait presque de sa malédiction. Je suis forcée de tolérer
souvent ses travers, mais je suis toujours forcée
aussi de respecter son orgueil et sa rustique

opiniâtreté. S'il est dur aux autres, c'est qu'il
l'est à lui-même encore plus. Il travaille avec
l'ardeur d'un jeune homme, il n'est jamais in-
discret ni importun, il vit dans son stoïcisme
sans jamais contrôler ce qu'il ne comprend pas.
Combien d'autres à sa place eussent rempli mon
existence de tracasseries, tout en s'enivrant à
ma table et en me faisant rougir de leur grossièreté ou de leur bassesse ! La situation de mon
père vis-à-vis de moi était bien délicate, et,
sans rien raisonner ni calculer à cet égard, il
l'a conservée digne, indépendante, et généreuse à son sens. Comblé de mes dons, il peut
encore se considérer comme chef de famille et
protecteur, puisqu'il travaille et amasse pour
faire le bonheur de ses enfants. Je souris de ses
moyens, mais non de ses intentions. Et maintenant, Karol, ne comprends-tu pas que j'aime

et bénisse encore mon vieux père ? n'as-tu pas remarqué que je lui ressemble de figure, et crois-tu que je n'aie rien de son caractère? »

— Vous? s'écria Karol : oh ciel! rien.

— Oui, moi. Je dois quelque chose à la fierté du sang qu'il m'a transmis, reprit Lucrezia. Je me suis trouvée dans des situations difficiles ; j'ai été aimée par des hommes riches ; j'ai eu des amis dont j'aurais pu accepter l'aide sans manquer à l'honneur ; mais l'idée d'imposer aux autres des privations ou un surcroît de travail, lorsque je me sentais jeune, forte et laborieuse, m'eût été insupportable. On m'a accusée de bien des fautes, on a exagéré cruellement celles que j'ai commises ; mais jamais l'ombre d'un soupçon pour mon indépendance et ma probité n'a pu se présenter à l'esprit des gens les plus malveillants pour moi. J'ai été

directrice de théâtre, j'ai manié des intérêts
matériels, et fait ce qu'on appelle des affaires.
Elles étaient même compliquées, difficiles et
délicates. Aux prises avec tant de prétentions,
de vanités et d'exigences, j'ai toujours eu pour
principe de donner plutôt le double de ce que
je devais, que de contester dans un cas dou-
teux; sans être économe j'ai eu de l'ordre, et,
en faisant beaucoup de bien, je ne me suis pas
ruinée et compromise. C'est que je n'ai point
fait de folies par complaisance pour moi-même.
Elle est plus rangée et plus sage, la femme qui
donne aux malheureux ce qu'elle a, que celle
qui engage ce qu'elle n'a pas pour se procurer
des bijoux et des équipages. Je n'ai jamais eu le
goût d'un vain luxe. La possession d'un petit
objet sans valeur, où se révèlent l'intelligence
et le goût de l'ouvrier, m'est plus chère que

celle d'une parure de diamants. J'aime ce qui est bon et vrai plus que ce qui est éclatant et envié. Sans m'astreindre à vivre aussi frugalement que mon père, j'ai porté de la sobriété dans tous mes instincts. Il n'y a que l'affection que je ne gouverne pas par la tempérance de l'esprit, et, en cela seulement, je diffère de lui : mais si je n'ai pas été une fille entretenue, si les présents de la corruption ne m'ont pas tentée, lorsqu'à seize ans je me suis trouvée aux prises avec les difficultés de l'existence, si je peux commander encore le respect à ceux qui me blâment, c'est, sois-en bien sûr, parce que je suis la fille du vieux Menapace. Conviens donc que l'apparence trompe et que la nature établit des liens solides et des rapports profonds entre les êtres qui diffèrent le plus au premier coup d'œil.

« — Tout ce que vous dites est admirable,
répondit le prince accablé de tristesse,
et vous devez avoir raison en tout. Mais allons
rejoindre Salvator qui nous cherche sans
doute.

— Non, non ! dit la Floriani ; il était fatigué
de son voyage, il s'est endormi à l'ombre des
myrthes du jardin. Allons rejoindre les enfants
que je n'ai pas vus depuis une heure. »

Elle avait beaucoup parlé à Karol de choses
réelles pour la première fois, et elle se flattait
d'avoir profité d'une bonne occasion pour réhabiliter dans son esprit ce père qu'elle aimait
sincèrement. Mais il est des thèses que l'esprit
accepte sans qu'elles s'emparent du cœur. Karol sentait que la Floriani venait de faire un
sage plaidoyer en faveur de la tolérance et en
vue de la réhabilitation de la nature humaine.

Il n'en était pas moins révolté de la réalité, et incapable d'accepter les travers humains avec un autre sentiment que celui de la politesse, cette générosité perfide qui laisse le cœur froid et les répugnances victorieuses.

Il eût fallu à la Floriani, selon lui, un milieu plus digne d'elle, c'est-à-dire un milieu tel qu'il n'en existe pour personne : un lac plus vaste sans cesser d'être aussi paisible, une demeure plus pittoresque sans cesser d'être aussi commode et aussi saine, une gloire moins chèrement acquise sans cesser d'être aussi brillante, et surtout un père plus distingué, plus poétique, sans cesser d'être un pêcheur de truites. Il n'avait point le sens aristocratique étroit : il aimait cette origine rustique, cette chaumière natale, ces filets suspendus aux saules du rivage : mais un paysan de poème ou de théâtre, un

montagnard de Schiller ou de Byron, lui eût
été nécessaire pour mettre à cet égard son esprit à l'aise. Il n'aimait pas Shakespeare sans
de fortes restrictions : il trouvait ses caractères
trop étudiés sur le vif, et parlant un langage
trop vrai. Il aimait mieux les synthèses épiques
et lyriques, qui laissent dans l'ombre les pauvres détails de l'humanité : c'est pourquoi il
parlait peu et n'écoutait guère, ne voulant for-
muler ses pensées ou recueillir celles des autres
que quand elles étaient arrivées à une certaine
élévation. Fouiller le sein de la terre pour ana-
lyser les sucs généreux et malfaisants qu'elle
contient, afin de planter à propos et de tirer
parti de ce qu'elle peut produire, eût été pour
lui œuvre vile et révoltante. Mais cueillir de
belles fleurs, admirer leur éclat et leur parfum,
sans se soucier de la peine et de la science du

jardinier, tel était le doux emploi qu'il se ré-
servait dans la vie.

La Floriani avait donc parlé dans le désert en
croyant le convaincre. Il l'avait écoutée avec
recueillement, et, dans tout ce qu'elle avait dit,
il avait admiré la rédaction, la partie ingénieuse
de son système de tolérance, la bonté de son instinct. Mais il ne trouvait pas qu'elle eût raison d'accepter le mal pour ne pas méconnaître
le bien. C'était l'antipode de sa manière de
sentir les rapports humains. Il avait pourtant
une haute idée du devoir filial; mais il savait
faire, entre le devoir et le sentiment, entre les
actions et les sympathies, une distinction qui
était tout à fait inconnue à la Floriani. Ainsi, à
sa place, il n'eût pas cherché à justifier l'avarice de Menapace, parce que, pour trouver à ce
vice un côté estimable, il fallait commencer

par avouer qu'il existait en lui. Il l'eût nié, au
contraire, ou il eût gardé un profond silence,
ce qui est bien plus facile, il faut en convenir.

Et puis, la Floriani, en parlant d'elle-même,
lui avait fait encore beaucoup de mal. Elle avait
prononcé des mots qui l'avaient brûlé comme
un fer rouge. Elle avait dit qu'elle n'avait jamais été une *fille entretenue,* elle avait peint les
mœurs de ses pareilles avec une terrible vérité.
Elle avait raconté ses premières amours et nommé elle-même son premier amant. Karol aurait
voulu qu'elle n'en eût pas seulement l'idée,
qu'elle ignorât que le mal existe ici-bas, ou
qu'elle ne s'en souvînt pas en lui parlant. Enfin,
il aurait voulu, pour compléter la somme de
ses exigences fantastiques, que, sans cesser
d'être la bonne, la tendre, la dévouée, la volup-
tueuse et la maternelle Lucrezia, elle fût la

pâle, l'innocente, la sévère et la virginale Lucie.

Il n'eût demandé que cela, ce pauvre amant de

l'impossible !

CHAPITRE IV.

Salvator, endormi sous l'ombrage, venait de se réveiller plein de bien-être et de gaîté. Quand nous nous sentons dispos et pleins d'exubérance, nous n'avons pas le sens aussi délicat que de coutume pour observer ou deviner les peines d'autrui. La pâleur et l'abattement de Karol échappèrent donc au regard de son ami; et la Floriani les attribuant à la fatigue des larmes que l'amour et l'attendrissement lui avaient fait verser à la vue de son portrait, ne songea pas à s'en inquiéter.

Lorsque, dans l'enfance, nous souffrons d'une secrète douleur, nous voudrions que tout ce que nous faisons pour la cacher devînt inutile devant la pénétration subtile et bienfaisante des êtres qui nous aiment; et comme, en même temps, nous nous taisons avec fierté, nous avons l'injustice de croire qu'ils sont indifférents, parce qu'ils ne sont pas importuns. Beaucoup d'hommes restent enfants en ce point, et Karol l'était resté particulièrement. La gaîté active et bruyante de Salvator le rendit donc de plus en plus chagrin, et la sérénité de la Lucrezia, qui, jusque là, s'était communiquée à lui par attraction, perdit pour la première fois sa bénigne influence.

Pour la première fois aussi, le bruit et le mouvement perpétuel des enfants le fatiguèrent. Ils étaient habituellement calmes sous l'œil de leur mère ; mais, pendant le dîner, ils furent tellement excités et ravis par les taquineries amicales, les caresses et les rires de Salvator, qu'ils menèrent grand tapage, répandirent leurs verres sur la nappe et chantèrent à tue-tête, répétant toujours le même refrain, comme ces pinçons que les Hollandais font lutter, et pour lesquels ils engagent des paris. Célio cassa son assiette, et son chien se mit à aboyer si fort qu'on ne s'entendait plus.

La Floriani ne s'interposait pas bien sévèrement ; elle riait malgré elle des enfantillages de Salvator et des plaisantes réparties de ses mar-

mots ivres de plaisir, et hors d'eux-mêmes,
comme le deviennent si aisément ces petits êtres
nerveux quand on les excite.

Karol admirait chaque jour, depuis deux
mois, les grâces et les gentillesses de cette cou-
vée d'anges, et il les aimait tendrement à cause
de celle qui leur avait donné le jour. Il ne se
rappelait pas qu'ils eussent des pères, et quels
pères, peut-être! Il les croyait nés du Saint-
Esprit, tant ils lui semblaient parés des dons
célestes de leur mère. La Floriani lui savait un
gré infini de cette tendresse qu'il exprimait
avec tant d'effusion, et qui se traduisait en observations si fines et si poétiques sur leurs divers genres de beauté et d'aptitude.

Pourtant, les enfants ne l'aimaient point.

Ils avaient comme peur de lui, et il était difficile de s'expliquer pourquoi ses doux sourires

et ses délicates complaisances les trouvaient ir-
résolus et timides. Le chien de Célio lui-même
couchait les oreilles et ne remuait point la queue
quand le prince le nommait en le regardant.
Cet animal savait bien qu'il parlait de lui avec
bienveillance, mais qu'il ne le touchait jamais,
et qu'une secrète aversion physique lui faisait
craindre d'effleurer seulement un animal quelconque. Si les chiens ont un merveilleux instinct pour se méfier des gens qui se méfient
d'eux, il ne faut pas s'étonner que les enfants
aient le même avertissement intérieur à l'approche de ceux qui ne les aiment pas. Karol
n'aimait pas les enfants en général, quoiqu'il
ne l'eût jamais dit, quoiqu'il ne se le dît pas à
lui-même. Au contraire, il croyait les aimer
beaucoup, parce que la vue d'un bel enfant le
jetait dans un attendrissement de poète et dans

un ravissement d'artiste. Mais il avait peur d'un enfant laid ou contrefait. La pitié qu'il ressentait à son approche était si douloureuse, qu'il en était réellement malade. Il ne pouvait accepter dans l'enfant, le moindre défaut physique, pas plus que chez l'homme, il ne pouvait tolérer une difformité morale.

Les enfants de la Floriani étant parfaitement beaux et sains, charmaient ses regards; mais si l'un d'eux fût devenu estropié, outre la douleur qu'il en eût ressentie dans son âme, il eût été saisi d'un malaise insurmontable. Il n'eût jamais osé le toucher, le porter dans ses bras, le caresser. Un enfant stupide ou méchant, sous ses yeux, lui eût été un fléau à le dégoûter de la vie; et, loin d'entreprendre de l'amender, il se fût enfermé dans sa chambre pour ne pas le voir ou l'entendre. Enfin, il aimait les enfants avec son imagination, et non avec ses entrailles ; et, tandis que Salvator disait qu'il subirait l'ennui du mariage rien que pour avoir les joies de la paternité, Karol ne pensait pas sans frissonner aux conséquences possibles de sa liaison avec la Floriani.

Au dessert, la gaîté de Célio étant arrivee à son paroxisme, il se blessa assez profondément en coupant un fruit. En voyant son sang jaillir avec abondance, l'enfant eut peur et grande envie de pleurer ; mais sa mère, avec beaucoup de présence d'esprit et de sang-froid, lui prit la main, l'enveloppa dans sa serviette, et lui dit en souriant : « Eh bien ! ce n'est rien du tout ; ce n'est pas la première ni la dernière de tes blessures ; continue la belle histoire que tu nous racontais ; je te panserai quand tu auras fini. »

Une si bonne leçon de fermeté ne fut pas perdue pour Célio, qui se prit à rire; mais Karol qui, à la vue du sang, avait failli s'évanouir, ne comprit pas que la mère eût le courage de ne point vouloir s'en inquiéter.

Ce fut bien pis quand, au sortir de table, la Floriani lava les chairs, rapprocha les lèvres de la blessure, et fit une ligature solide, le tout d'une main qui ne tremblait pas. Il ne concevait pas qu'une femme pût être le chirurgien de son enfant, et il fut effrayé d'une énergie dont il ne se sentait pas capable. Tandis que Salvator aidait Lucrezia dans cette petite opération, Karol s'était éloigné et se tenait sur le perron, ne voulant pas regarder, et voyant, malgré lui, cette scène si simple et si vulgaire, qui prenait à ses yeux les proportions d'un drame.

C'est que là, comme partout, dans les petites choses comme dans les grandes. il ne voulait point prendre la vie corps à corps ; et tandis que la Floriani, prompte et vaillante, étreignait le monstre sans terreur et sans dégoût, il ne pouvait se résoudre, lui, à le toucher du bout des doigts.

Célio était fort calmé par cette petite saignée fortuite, mais les autres enfants ne l'étaient guère. Les petites filles, Béatrice surtout, étaient encore comme folles, et le petit Salvator. passant rapidement de la joie à la colère, puis à la douleur, se montra si volontaire, et jeta de tels cris de domination et de désespoir, que Lucrezia fut forcée d'intervenir, de le menacer, et enfin de le prendre dans ses bras pour le mener coucher malgré lui. C'était la première fois qu'il criait de la sorte aux oreilles de

Karol, ou plutôt c'était la première fois que Karol se trouvait disposé à s'apercevoir qu'un marmot, quelque charmant qu'il soit, a toujours des instincts tyranniques, d'âpres volontés, des obstinations insensées, et, pour ressource ou manifestation, des cris aigus. La rage et le chagrin de Salvator, ses sanglots, ses larmes véritables qui ruisselaient comme une pluie d'orage sur ses joues roses, ses beaux petits bras qui se débattaient et s'en prenaient aux cheveux de sa mère, la lutte de Lucrezia avec lui, sa voix forte qui le gourmandait, ses mains souples et nerveuses qui le contenaient avec la puissance d'un étau, sans perdre ce moelleux qu'ont toujours les mains d'une mère pour ne pas froisser des membres délicats, c'était là un tableau qui avait sa couleur pour le comte Albani, et qu'il regardait avec un sourire, mais que Karol vit

avec autant d'effroi et de souffrance que la blessure et le pansement de Célio.

— Mon Dieu ! s'écria-t-il involontairement,
que l'enfance est malheureuse, et qu'il est cruel
d'avoir à réprimer les appétits violents de la
faiblesse !

— Bah ! répondit Salvator Albani en riant,
dans cinq minutes il sera profondément endormi, et, après lui avoir donné le fouet pour
amener la réaction, sa mère le couvrira de baisers durant son sommeil.

— Tu crois qu'elle le frappera ? reprit Karol
épouvanté.

— Oh ! je n'en sais rien, je dis cela par in-
duction, parce que ce serait le meilleur cal-
mant.

— Ma mère ne m'a jamais frappé, ni menacé,
j'en suis certain.

— Tu ne t'en souviens pas, Karol. D'ailleurs, ce ne serait pas une raison pour prouver qu'il n'est pas nécessaire, parfois, d'employer les grands moyens. Je n'ai pas de théories sur l'éducation, moi, et dans celle qui convient au premier âge, tu vois que j'ai plutôt l'art de rendre les enfants terribles que de les réprimer. Je ne sais pas comment la Floriani s'y prend pour se faire craindre, mais je crois que la meilleure méthode doit être celle qui réussit. J'ignore s'il y a parfois nécessité de battre un peu les marmots, je saurai cela quand j'en aurai, mais je ne m'en chargerai pas. J'ai la main trop lourde, ce sera la fonction de leur mère.

— Et moi, si j'avais le malheur d'être père, reprit Karol avec une sorte de raideur douloureuse, je ne pourrais souffrir ce bruit discordant de révoltes et de menaces, ce combat avec l'enfance, ces larmes amères d'un pauvre être qui ne comprend pas la loi de l'impossible, ces emportements à froid de la pédagogie paternelle, ce bouleversement subit et affreux de la paix intérieure, ces tempêtes dans un verre d'eau, qui ne sont rien, je le sais, mais qui troubleraient mon âme comme des événements sérieux.

— En ce cas, cher ami, il ne faut pas perpétuer ta noble race, car ces orages-là sont inévitables. Crois-tu donc sérieusement que tu n'as jamais demandé la lune avec des rugissements de fureur, avant de comprendre que ta mère ne pouvait pas te la donner?

— Non, je ne le crois pas, je n'ai aucune idée de cela.

— C'est une métaphore que j'emploie, mais je serais fort étonné que quelque chose d'équi-

valent ne te fût jamais arrivé, car il me semble
que tu as conservé de ces prétentions à l'impossible, et que tu demandes encore à Dieu,
quelquefois, de mettre les astres dans le creux
de ta main. »

Karol ne répondit rien, et la Floriani ayant
réussi à apaiser son marmot, revint proposer
une promenade en nacelle sur le lac. Le petit
Salvator n'avait point subi la loi antique, la
peine consacrée du fouet. Sa mère savait bien
que la fraîcheur de sa chambre, l'obscurité et
le moelleux de sa couchette, le tête-à-tête avec
elle, et le son de sa voix lorsqu'elle lui chante-
rait l'air destiné à l'endormir, le calmeraient
presque instantanément ; elle devinait aussi,
sans savoir quelle gravité ces misères prenaient
aux yeux de Karol, que ce bruit avait dû le
contrarier un peu.

Pour faire diversion, elle l'emmena sur le lac avec Salvator Albani, Célio, Stella et Béatrice. Mais, à quelques brasses de la rive, on rencontra le vieux Menapace qui partait pour aller tendre ses filets. Les enfants voulurent sauter dans sa barque, et leur mère voyant que le vieux pêcheur désirait leur démontrer *ex professo* un art qui était, à ses yeux, le premier de tous, consentit à les lui confier.

Karol fut effrayé de voir ces trois enfants encore excités et fébriles, s'en aller avec un vieillard si égoïste, si froid, et qu'il jugeait si peu capable de les retirer de l'eau ou de les empêcher d'y tomber.

Il en fit l'observation à Lucrezia, qui ne partagea pas son inquiétude.

« Les enfants élevés au milieu d'un danger le connaissent fort bien, répondit-elle; et quand il en tombe quelqu'un dans notre lac, c'est toujours un enfant étranger, qui y est venu en promenade, et qui ne sait pas se préserver. Célio nage comme un poisson, et Stella, toute folle qu'elle est ce soir, veillera comme une mère sur sa petite sœur. D'ailleurs, nous les suivrons et ne les perdrons pas de vue. »

Karol ne put venir à bout de se tranquilliser. Il ressentait l'angoisse des sollicitudes paternelles malgré lui, et, depuis qu'il avait vu Célio se faire une blessure, il avait la tête remplie de catastrophes imprévues. Enfin, sa paix était troublée au moral et au physique, à partir de ce jour néfaste, où il ne s'était pourtant rien passé de marquant pour les autres, mais où l'habitude et le besoin de souffrir s'étaient réveillés en lui.

La promenade fut pourtant très-paisible. Le

lac était superbe aux reflets du couchant ; les enfants s'étaient calmés et prenaient un plaisir sérieux à voir tendre les filets du grand-père dans une petite anse fleurie et embaumée. Salvator ne parlait plus de Venise, et, par un heureux hasard, le nom de Boccaferri ne venait plus sur ses lèvres. La Floriani cueillit des nénuphars, et, sautant d'une barque dans l'autre, avec une légèreté et une adresse qu'on n'eût pas attendues d'une personne un peu lourde en apparence dans ses formes, mais qui rappelaient ses habitudes de jeunesse, elle orna de ces belles fleurs la tête de ses filles.

Karol commençait à se radoucir intérieurement. Le vieux Menapace guidait la barque avec un aplomb et une expérience consommés à travers les rochers et les troncs d'arbres entassés au rivage. Aucun enfant ne se noyait, et Karol s'habituait à les voir courir d'un bord à l'autre, diriger le gouvernail et se pencher sur l'eau, sans tressaillir à chacun de leurs mouvements.

La brise du soir s'élevait suave et charmante, apportant le parfum de la vigne en fleurs et de la fève à odeur de vanille.

Mais il était écrit que cette journée finirait l'extase tranquille de Karol et marquerait pour lui le commencement d'une série de petites souffrances inexprimables. Salvator trouva que les nénuphars étaient si beaux que la Floriani devait en mettre aussi dans ses cheveux noirs. Elle s'y refusa, disant qu'elle avait assez subi au théâtre le poids des coiffures et des ornements, et qu'elle était heureuse de ne plus sentir sur sa tête la gêne d'une seule épingle. Mais Karol partageait le désir de son ami, et elle consentit

à ce qu'il passât quelques fleurs dans ses tres-
ses splendides.

Tout allait bien, excepté la coiffure que Karol arrangeait sans art et sans adresse, tant il
craignait de faire tomber un seul cheveu de
cette tête chérie. Salvator eut la malheureuse
idée de s'en mêler. Il défit l'ouvrage du prince,
et, prenant à deux mains la riche chevelure
de la Floriani, il la roula sans façon et l'entre-
mêla de roseaux et de fleurs, selon son goût. Il
réussit fort bien, car il avait de l'habileté pour
ce qu'on appelle trivialement le *tripotage*, expression trop familière, mais difficile à rem-
placer. Il entendait bien la statuaire au point
de vue de l'ornementation.

Il fit à la Floriani une coiffure digne d'une
naïade antique, en lui disant : « Est-ce que tu
ne te souviens pas qu'à Milan, quand je me

trouvais dans ta loge pendant ta toilette, j'y
mettais toujours la dernière main ? »

— C'est vrai, répondit-elle, je l'avais
oublié ; tu avais un don particulier pour
donner du caractère aux ornements, pour
trouver l'assortiment heureux des couleurs,
et je t'ai souvent consulté pour mes costu-
mes.

— Tu n'y crois pas, Karol? reprit Salvator,
en s'adressant à son ami, qui avait fait le mouvement d'un homme qui reçoit un coup d'épingle ; regarde-la, comme elle est belle ! Tu n'aurais jamais trouvé comme moi ce qui convenait
à la ligne de son front, au volume de sa tête et
à la puissance de sa nuque. Tu ne la dégageais
pas assez. Elle avait l'air d'une madone avec ta
coiffure, et ce n'est point là le caractère de sa
beauté. Elle est déesse maintenant. Prosternons-

nous, faibles mortels, et adorons la nymphe du lac ! »

En parlant ainsi, Salvator pressa d'un lourd baiser les genoux de la Floriani, et Karol tressaillit comme un homme qui reçoit un coup de poignard.

CHAPITRE V.

Le pauvre enfant avait oublié que Salvator était aussi amoureux que lui, dans un sens, de la Floriani ; qu'il lui avait sacrifié de grand cœur ses prétentions, mais non sans effort et sans regret. Comme Karol ne comprenait rien à ce genre d'amour, il ne s'était pas rendu compte de ce que son ami avait pu souffrir en le voyant devenir maître des biens qu'il convoitait. Il s'était dit que la première belle femme que Salvator rencontrerait lui ferait oublier ce désir insensé.

Ou plutôt, il ne s'était rien dit du tout. Il n'aurait pas eu le courage d'examiner le côté scabreux d'une telle situation. Il avait écarté le souvenir de la première nuit passée à la villa Floriani, des tentations et des tentatives de Salvator, et même des embrassades du lendemain matin, lorsqu'il avait cru dire à Lucrezia un long adieu. La crise de la maladie et le miracle du bonheur avaient tout effacé de l'esprit du prince. Il s'était habitué en un jour, en un instant, à ne plus rien juger, à ne plus rien comprendre; et de même, en un jour, en un instant, il recommençait à trop juger, à trop comprendre, c'est-à-dire à tout commenter avec excès et à souffrir de tout.

Certes, Salvator Albani avait renoncé de bonne foi à voir la Floriani avec d'autres yeux que ceux d'un frère. Mais il y avait en lui un fonds de sensualité italienne qui l'empêchait d'arriver jusqu'à la chasteté d'un moine. S'il eût eu deux sœurs, une belle et une laide, il eût, sans nul doute, et sans se rendre compte de son propre instinct, préféré la belle, eût-elle été moins aimable et moins bonne que l'autre. Enfin, entre deux sœurs également belles, mais dont l'une aurait connu l'amour, et l'autre la vertu seulement, il aurait été bien plus l'ami de celle qui eût compris le mieux ses faiblesses et ses passions.

L'amour était son Dieu, et toute belle femme au cœur tendre en était la prêtresse. Il pou-

vait l'aimer avec désintéressement, mais non la
voir sans émotion. L'amour de la Floriani pour
son ami ne le dérangeait donc point dans son
admiration et dans son plaisir, lorsqu'il la con-
templait et respirait son haleine. Il aimait tout
autant qu'auparavant à toucher ses bras, ses
cheveux, et jusqu'à son vêtement, et l'on comprend bien que Karol était jaloux de ces choses-là, presque autant que du cœur de sa maîtresse.

La Floriani, qui le croirait? était d'une nature aussi chaste que l'âme d'un petit enfant.
C'est fort étrange, j'en conviens, de la part
d'une femme qui avait beaucoup aimé, et dont
la spontanéité n'avait pas su faire plusieurs parts
de son être pour les objets de sa passion. C'était
probablement une organisation très-puissante
par les sens, quoiqu'elle parût glacée aux re-

gards des hommes qui ne lui plaisaient point. C'est qu'en dehors de son amour, où elle se plongeait tout entière, elle ne voyait pas, n'imaginait pas et ne sentait pas. Dans les rares intervalles où son cœur avait été calme, son cerveau avait été oisif; et si on l'eût séparée éternellement de la vue de l'autre sexe, elle eût été une excellente religieuse, tranquille et fraîche. C'est dire qu'il n'y avait rien de plus pur que ses pensées dans la solitude, et, quand elle aimait, tout ce qui n'était pas son amant était pour elle, sous le rapport des sens, la solitude, le vide, le néant.

Salvator pouvait bien l'embrasser, lui dire qu'elle était belle, et frémir un peu en pressant son bras contre le sien : elle s'en apercevait encore moins que le jour où, ne prévoyant pas que Karol l'aimait déjà, il avait été forcé de lui

parler clairement et hardiment pour lui faire
comprendre ses désirs.

Toute femme comprend pourtant bien le regard et l'inflexion de voix qui lui parlent d'a-
mour d'une manière détournée. Les femmes du
monde ont, à cet égard, une pénétration qui va
souvent au delà de la vérité, et, souvent aussi,
leur empressement à se défendre, avant qu'on
les attaque sérieusement, est une provocation
de leur part et un encouragement à l'audace.
La Floriani, au contraire, dans son expressive
bienveillance, mettait tout sur le compte de la
sympathie qu'elle avait excitée comme artiste,
ou de l'amitié qu'elle inspirait comme femme.
Elle était brusque et ennuyée avec les hommes
qui lui inspiraient de la défiance et de l'éloignement ; mais, avec ceux qu'elle estimait, elle
avait le cœur sur la main ; elle eût cru man-

quer à la sainteté de l'amitié en se tenant trop
sur ses gardes. Elle savait bien que quelque
mauvaise pensée pouvait leur passer par la
tête. Mais elle avait pour règle de ne pas paraître s'en apercevoir, et, tant qu'on ne la forçait
point à se montrer sévère, elle était douce et
abandonnée. Elle pensait que les hommes sont
comme des enfants, avec lesquels il faut plus
souvent détourner la conversation et distraire
l'imagination, que répondre et discuter sur des
sujets délicats et dangereux.

Karol, qui aurait dû comprendre la solidité
de ce caractère simple et droit, ne le connaissait pourtant pas. Sa folie avait commis l'er-
reur gigantesque de se figurer qu'elle devait
avoir l'austérité de manières et le maintien
glacial d'une vierge, avec tout autre qu'avec
lui. Il n'en voulut pas démordre, comprendre

la réalité de cette nature, et l'aimer pour ce qu'elle était. Pour l'avoir placée trop haut dans les fantaisies de son cerveau, voilà qu'il était tout prêt à la placer trop bas, et à croire qu'entre le sensualisme invincible de Salvator et les instincts secrets de la Floriani, il y avait de funestes rapprochements à craindre.

Ils revenaient à la villa avec le lever de Vesper, qui montait blanc comme un gros diamant dans le ciel encore rose. Ils glissaient sur la surface limpide de ce lac que la Floriani aimait tant, et que Karol recommençait à détester. Il gardait le silence; Béatrice s'était endormie dans les bras de sa mère; Célio gouvernait la barque de Menapace, qui s'était assis, dans une muette contemplation; Stella, svelte et blanche, rêvait aux étoiles, ses patrones, et Salvator Albani chantait d'une belle voix fraîche, que la

sonorité de l'onde portait au loin. Personne autre que Karol, le plus pur et le plus irréprocha-
ble de tous, peut-être, ne songeait à mal. Il
leur tournait le dos, à tous, pour ne point voir
ce qui n'existait pas, ce à quoi personne ne
songeait; et, au lieu des Ondines du lac, il se
sentait poussé par les Euménides.

Ne l'avait-on pas trompé? Salvator ne s'é-
tait-il pas grossièrement joué de lui en lui disant que jamais il n'avait été l'amant de la Floriani? Avec tous les beaux raisonnements spé-
cieux qu'il lui avait mainte fois entendu faire
sur l'amitié qu'on peut avoir pour les femmes,
et dans laquelle il entrait toujours, selon Salvator, un peu d'amour, étouffé ou déguisé; avec
les ménagements dont il le supposait capable
pour lui laisser goûter le bonheur sans se faire
conscience d'un mensonge, il pouvait bien avoir

été heureux la nuit de leur arrivée, et l'avoir
nié avec aplomb l'instant d'après. La Floriani
ne lui devait rien alors, et Karol s'imaginait
être bien généreux en prenant la résolution de
ne jamais l'interroger à cet égard.

Et puis, en supposant qu'elle eût résisté cette
fois-là, était-il probable que, dans cette vie
abandonnée à toutes les émotions, lorsque Salvator assistait à sa toilette dans sa loge, et portait même les mains sur sa parure, lorsque,
toute palpitante des fatigues ou des triomphes
de la scène, elle venait se jeter près de lui sur
un sofa, seule avec lui peut-être... était-il possible qu'il n'eût pas cherché à profiter d'un instant de désordre dans son esprit et d'excita-
tion dans ses nerfs? Salvator était si ardent et
si audacieux avec les femmes! N'avait-il pas
encouru la disgrâce de la princesse Lucie pour

avoir osé lui dire qu'elle avait une belle main ?
Et de quoi n'était pas capable, avec la Lucrezia,
un homme qui n'était pas demeuré tremblant
et muet auprès de Lucie ?

Alors le terrible parallèle, si longtemps écarté,
commença à s'établir dans l'esprit du prince :
Une princesse, une vierge, un ange !—Une comédienne, une femme sans mœurs, une mère
qui pouvait compter trois pères à ses quatre enfants, sans jamais avoir été mariée, et sans savoir où étaient maintenant ces hommes-là !

L'horrible réalité se levait devant ses yeux
effarés, comme une Gorgone prête à le dévorer.
Un tremblement convulsif agitait ses membres,
sa tête éclatait. Il croyait voir des serpents ve-
nimeux ramper à ses pieds, sur le plancher de
la barque, et sa mère remonter vers les étoiles,
en se détournant de lui avec horreur.

La Floriani sommeillait dans son rêve d'éternel bonheur; et quand elle lui prit la main pour
descendre sur le rivage, sans réveiller sa fille,
elle remarqua seulement qu'il avait froid, quoique la soirée fût tiède.

Elle s'inquiéta un peu de sa physionomie lorsqu'elle le revit aux lumières; mais il fit de
grands efforts pour paraître gai. La Floriani ne
l'avait jamais vu gai, elle ne savait même pas
si, avec cette haute et poétique intelligence, il
avait de l'esprit. Elle s'aperçut qu'il en avait
prodigieusement; c'était une finesse subtile,
moqueuse, point enjouée au fond ; mais, comme
il n'y avait place en elle que pour l'engoûment,
elle s'émerveilla de lui découvrir un charme de
plus. Salvator savait bien que cette petite gaieté
mignarde et persiffleuse de son ami n'était pas
le signe d'un grand contentement. Mais, dans

cette circonstance, il ne savait que penser. Peut-être l'amour avait-il renouvelé entièrement le caractère du prince; peut-être prenait-il désormais la vie sous un aspect moins austère et moins sombre. Salvator profita de l'occasion pour être gai tout à son aise avec lui, et crut pourtant apercevoir de temps en temps quelque chose d'amer et de sec au fond de ses heureuses réparties.

Karol ne dormit pas; cependant il ne fut point malade. Il reconnut, dans cette longue et cruelle insomnie, qu'il avait plus de forces pour souffrir qu'il ne s'en était jamais attribué. L'engourdissement d'une fièvre lente ne vint pas, comme autrefois, amortir l'inquiétude de ses pensées. Il se leva comme il s'était couché, en proie à une lucidité affreuse, sans éprouver aucun malaise physique, et obsédé de l'idée fixe que Salvator le trahissait, l'avait trahi, ou songeait à le trahir.

« Il faut pourtant prendre un parti, se dit-il. Il faut rompre ou dominer, abandonner la partie ou chasser l'ennemi. Serai-je assez fort pour la lutte? Non, non, c'est horrible ! Il vaut mieux fuir. »

Il sortit avec le jour, ne sachant où il allait, mais ne pouvant résister au besoin de marcher d'un pas rapide. Le sentier du parc le plus direct et le mieux battu, celui qu'il suivit machinalement, conduisait à la chaumière du pêcheur.

Il allait s'en détourner lorsqu'il entendit prononcer son nom. Il s'arrêta ; on répéta le mot *prince* à plusieurs reprises. Karol s'approcha, perdu sous les branches éplorées des vieux saules, et il écouta.

— Bah! un prince! un prince! disait le vieux Menapace dans son dialecte que le prince était arrivé à très-bien comprendre. Il n'en a pas la mine! J'ai vu le prince Murat dans ma jeunesse; il était gros, fort, de bonne mine, et portait des habits superbes, de l'or, des plumes. C'était là un prince! Mais celui-ci, il n'a l'air de rien du tout, et je n'en voudrais pas pour tenir mes avirons.

— Je vous assure que c'est un vrai prince, père Menapace, répondait Biffi. J'ai entendu son domestique qui l'appelait *mon prince*, sans voir que j'étais là tout auprès.

— Je te dis que c'est un prince comme ma fille était une princesse là-bas. Ils s'appellent tous comme cela au théâtre. L'autre, l'Albani, est celui qui faisait les comtes dans la comédie; mais c'est un chanteur, voilà tout!

— C'est vrai qu'il chante toute la journée, dit Biffi. Alors, ce sont d'anciens camarades à la signora. Est-ce qu'ils vont rester longtemps ici ?

— Voilà ce que je me demande. Il me semble que le prince, comme ils l'appellent, se trouve bien de la *locanda gratis*. Et si l'autre reste aussi deux mois à ne rien faire que manger, dormir et marcher tout doucement au bord de l'eau, nous ne sommes pas au bout !

— Bah, cela ne nous gêne pas. Qu'est-ce que cela nous fait ?

— Cela me gêne, moi ! dit Menapace en élevant la voix. Je n'aime pas à voir des paresseux et des indiscrets manger le bien de mes petits enfants. Tu vois bien que ce sont des histrions sans cœur et sans ouvrage, qui sont venus là se refaire. Ma fille qui est bonne, en a pitié : mais si elle recueille comme cela tous ses anciens amis, nous verrons de belles affaires ! Ah ! pauvre petit Célio ! pauvres enfants ! si je ne songeais pas à eux, ils auraient un jour le même sort que ces prétendus seigneurs-là ! Allons, Biffi, es-tu prêt ? Partons, va détacher la barque. »

Si Salvator avait entendu cette ridicule conversation, il en eût ri aux éclats pendant huit jours. Il eût même imaginé quelque folle mystification pour aggraver les soupçons charitables du vieux pêcheur. Mais Karol fut navré. L'idée de rien de semblable ne lui eût paru possible dans sa vie. Être pris pour un histrion, pour un mendiant, et méprisé par ce vieil avare ! C'était marcher dans la boue, lui qui ne trouvait que les nuages assez moelleux et assez purs pour le porter. Il faut être très-fort ou très-insouciant pour ne pas se trouver accablé d'un rôle absurde et pour n'en voir que le côté risible. D'ailleurs, on ne rit peut-être jamais de bien bon cœur de soi-même, et Karol fut si outré, qu'il sortit du parc, n'emportant pas même de l'argent sur lui, et fuyant au hasard dans la campagne, résolu, du moins il le croyait, à ne jamais remettre les pieds chez la Floriani.

Quoique sa santé eût pris, depuis sa maladie, un développement qu'elle n'avait jamais eu, il n'était pas encore très-bon marcheur, et au bout d'une demi-lieue, il fut forcé de ralentir le pas. Alors le poids de ses pensées l'accabla, et il ne se traîna plus qu'avec effort dans la direction sans but qu'il avait prise.

Si j'entendais le roman suivant les règles modernes, en coupant ici ce chapitre (1), je te

(1) Ce livre ayant d'abord paru dans un journal, l'auteur fai-

laisserais jusqu'à demain, cher lecteur, dans l'incertitude, présumant que tu te demanderais toute la nuit prochaine, au lieu de dormir : « Le prince Karol, partira-t-il ou ne partira-t-il pas ? » Mais la haute idée que j'ai toujours de ta pénétration m'interdit cette ruse savante, et t'épargnera ces tourments. Tu sais fort bien que mon roman n'est pas assez avancé pour que mon héros le tranche ici brusquement et malgré moi. D'ailleurs, sa fuite serait fort invraisemblable, et tu ne croirais point qu'on puisse rompre, du premier coup, les chaînes d'un violent amour.

Sois donc tranquille, vaque à tes occupations,

sait ici allusion aux *ficelles* du genre, Roman-feuilleton, qui consistent à faire la coupure de chaque feuilleton, de façon à laisser le lecteur dans le doute sur le sort de l'un des héros du livre.   (*Note de l'Éditeur.*)

et que le sommeil te verse ses pavots blancs et rouges. Nous ne sommes point encore au dé-noûment.

CHAPITRE VII.

Karol en était déjà à s'adresser la même question : « Partirai-je? Est-ce que je pourrai partir? Dans un quart d'heure, ne serai-je pas
forcé de revenir sur mes pas? S'il en doit être
ainsi, pourquoi me fatiguer à faire un chemin
inutile?

« Je partirai, s'écria-t-il en se jetant sur le gazon encore humide de rosée. Là, son indignation se ralluma et ses forces revinrent. Il se remit en route, mais bientôt la fatigue ramena encore le doute et le découragement.

Des regrets amers remplissaient de larmes ses yeux fatigués de l'éclat du soleil levant, qui semblait venir à sa rencontre, et lui dire : « Nous marchons en sens inverse ; tu vas donc me fuir et entrer dans la nuit éternelle ? » Il se rappelait son bonheur de la veille, lorsqu'à pareille heure, il avait vu la Floriani entrer dans sa chambre, ouvrir elle-même sa fenêtre pour lui faire entendre le chant des oiseaux et respirer le parfum des chèvrefeuilles, s'arrêter près de son lit pour lui sourire, et, avant de lui donner le premier baiser, l'envelopper de cet ineffable regard d'amour et d'adoration plus éloquent

que toutes les paroles, plus ardent que toutes
les caresses. Oh! qu'il était heureux encore, à ce
moment-là ! Rien que le trajet du soleil autour
des horizons, et tout était détruit ! Il ne verrait
plus jamais cette femme si tendre l'enivrer de
son regard profond, et mettre, à la place des
visions de la nuit, son image tranquille et ra-
dieuse devant lui ! Cette main qui, en passant
doucement à travers ses cheveux, semblait lui
donner une vie nouvelle, ce cœur, dont le feu ne
s'était jamais épuisé en fécondant le sien, ce
souffle, dont la puissance entretenait en lui une
sérénité jusque-là inconnue, ces douces atten-
tions de tous les instants, cette constante sollicitude, plus assidue et plus ingénieuse encore
que ne l'avait été celle de sa mère; cette maison
claire et riante, où l'atmosphère semblait as-
souplie et réchauffée par une influence magné-

tique, ce silence du parc, ces fleurs du jardin,
ces enfants à la voix mélodieuse qui chantaient
avec les oiseaux, tout, jusqu'au chien de Célio,
qui courait si gracieusement dans les herbes,
poursuivant les papillons pour imiter son jeune
ami : enfin, cet ensemble de choses, qu'il se re-
présentait et se détaillait pour la première fois,
au moment de s'en séparer; tout cela était donc
fini pour lui !

Et justement, comme il pensait au chien de
Célio, ce bel animal s'élança vers lui, et, pour
la première fois, le caressa avec tendresse. Il
n'avait pourtant pas suivi Karol, et celui-ci crut
d'abord que Célio n'était pas loin. Mais, ne le
voyant pas paraître, il se rappela que la veille,
Laërtes (c'était le nom du chien) avait fait une
pointe sur la rive où les barques s'était arrêtées;
qu'on l'avait rappelé en vain, et qu'en rentrant

à la maison, Célio s'était inquiété de ne pas l'y trouver. On l'avait sifflé et appelé encore, pensant qu'il aurait côtoyé le lac et serait revenu par les prés; mais on s'était couché sans le retrouver; Lucrezia avait consolé son fils en lui disant que le chien avait déjà passé plusieurs fois la nuit dehors, et qu'il était trop intelligent pour ne pas retrouver, dès qu'il le voudrait, le chemin de sa demeure.

Le jeune et beau Laërtes, entraîné par l'ardeur de la chasse, avait donc guetté et poursuivi quelque lièvre pour son propre compte, jusqu'au point du jour, et soit qu'il eût perdu sa piste, ou qu'il eût réussi à l'atteindre et à le dévorer, il songeait à ce moment à Célio, qui le faisait jouer, à la Floriani qui lui donnait elle-même sa nourriture, au petit Salvator qui lui tirait les oreilles, à son frais coussin et à son déjeuner. Il se rendait très-bien compte de l'heure et se disait qu'il fallait rentrer pour n'être point grondé de sa trop longue absence. Il est bien possible même qu'il poussât la finesse jusqu'à se flatter qu'on ne s'en serait pas aperçu.

En voyant Karol, il s'imagina que celui-ci n'était venu aussi loin que pour le chercher; et, se sentant coupable, ne voulant pas aggraver ses torts, il vint à sa rencontre d'un air affectueux et modeste, balayant la terre de sa longue queue soyeuse, et se donnant toutes sortes de grâces, pour se faire pardonner son escapade.

Le prince ne put résister à ses avances, et se décida à le toucher un peu sur la tête : « Et toi aussi, pensait-il, tu as voulu rompre ta chaîne et essayer de ta liberté! Et voilà que tu hésites

entre la servitude d'hier et l'effroi d'aujour-
d'hui ! »

Karol ne pouvait plus envisager qu'avec terreur la solitude de son passé. Il se disait qu'il
valait mieux souffrir les tortures d'un amour
troublé par le doute et la honte, que de ne vivre
d'aucune façon. Qu'allait-il retrouver, en se re-
plongeant dans l'isolement ? L'image de sa mère
et celle de Lucie ne viendraient plus le visiter que
pour lui faire d'amers reproches. Il essaya de
les évoquer, elles n'obéissaient plus à son appel.
Il n'avait jamais pu se persuader que sa mère
fût morte, il le sentait à présent, la tombe ne rendait plus sa proie. Les traits de Lucie étaient tellement effacés de sa mémoire, qu'il s'efforçait
en vain de se les représenter. Ils étaient cou-
verts d'un épais nuage. Maintenant que Karol
avait bu à la coupe de la vie, la société de ces

ombres l'épouvantait au lieu de le charmer. —
Vivre ! il faut donc vivre malgré soi, il faut donc
aimer la vie en la méprisant, et s'y plonger en
dépit de la peur et du dégoût qu'elle inspire ?
pensait-il en se débattant contre lui-même.
Est-ce la volonté de Dieu ? Est-ce la tentation
d'un esprit de vertige et de ténèbres ?

« Mais trouverai-je la vie désormais auprès
de Lucrezia ? Ne sera-ce point la mort, que cet
attachement dont les circonstances me font
rougir, et que le doute va empoisonner ? Néant
pour néant, ne vaudrait-il pas mieux languir
et dépérir, avec le sentiment de son propre
courage, que dans celui de son indignité ? »

Il ne trouvait point d'issue à ses incertitudes.
Il se levait, faisait un pas vers l'exil, et regardait derrière lui. Son cœur se déchirait et se
brisait à la pensée de ne plus voir sa maîtresse,

et il le sentait physiquement s'éteindre, comme si cette femme en était le moteur unique.

Il était presque vaincu déjà, et cherchait dans quelque augure, dans quelque hasard providentiel, dernière ressource de la faiblesse, l'indice du chemin qu'il devait suivre. Laërtes vint à son secours. Laërtes était décidé à rentrer. Lorsque Karol tournait le dos à la villa, le chien s'arrêtait et le regardait d'un air étonné ; puis, lorsque le prince revenait vers lui, il bondissait d'un air joyeux, et lui disait avec ses yeux brillants d'expression et d'intelligence : « C'est par ici, en effet, vous vous trompiez : suivez-moi donc ! »

Karol trouva un faux-fuyant digne d'un enfant. Il se dit que la Floriani tenait beaucoup à ce chien, que Célio était capable de pleurer un jour entier, s'il ne le retrouvait point ; que l'animal était bien jeune, bien fou, et se laisserait peut-être tenter par quelque nouvelle proie avant de rentrer ; qu'enfin, il pouvait se perdre ou se laisser emmener par quelque chasseur, et que son devoir, à lui, était de le ramener à la maison.

Il appela donc Laërtes, veilla puérilement sur lui, et regagna la villa Floriani sans le perdre de vue. Pourtant, l'on peut dire que jamais aveugle ne fut plus littéralement conduit par un chien.

En voyant la porte du parc ouverte, Laërtes prit sa course, et, enchanté de rentrer, il devança Karol et gagna la maison, la chambre de Célio, où il se blottit sous son lit, en attendant son réveil. Le prétexte du chien manquait dès lors à Karol, il n'était pas obligé de franchir la grille du parc, et il allait néanmoins la franchir, lorsque ses yeux rencontrèrent une inscription tracée au pinceau sur une pierre latérale. C'étaient les fameux vers du Dante :

> Per me si va nella città dolente,
> Per me si va nell' eterno dolore,
> Per me si va tra la perduta gente....
> .... Lasciate ogni speranza, voi, che 'ntrate !

Et plus bas :

> *Avis aux voyageurs !*

> CELIO FLORIANI.

Karol se souvint que, peu de jours auparavant, Célio, qui venait d'apprendre par cœur ce passage classique de la *Divine Comédie*, et qui le répétait à tout propos avec ce mélange d'admiration et de parodie qui est propre aux enfants, s'était amusé à l'écrire sur le montant de la porte du parc, en l'accompagnant d'un avertis-

sement facétieux aux passants. Comme la villa
n'était située sur aucune route de passage, il y
avait peu d'inconvénients à laisser subsister l'inscription de Célio jusqu'à la première pluie; la
Floriani n'avait fait qu'en rire, et Karol, à qui
ces vers lugubres n'offraient aucun sens, à ce
moment-là, ne s'en était point alarmé. Il était
repassé plusieurs fois par cette porte sans y
prendre garde; il n'y aurait plus jamais songé,
sans la révolution qui s'était opérée en lui. Au
premier abord, les mots de *perduta gente* lui pa-
rurent offrir une allusion affreuse et peut-
être quelque peu vraie, car il se hâta de l'effacer. Puis, en relisant, malgré lui, le dernier
vers, il fut saisi d'une terreur superstitieuse,
en songeant que les enfants prophétisent souvent sans le savoir, et disent en riant d'effroya-
bles vérités. Il cueillit une poignée d'herbe et

en frotta la muraille; mais, par un hasard fort
simple, le dernier vers, portant sur une pierre
moins polie que les autres, ne s'effaça pas entièrement et resta visible malgré tous les efforts de Karol.

— Eh bien, dit-il en s'élançant dans le parc,
cela est écrit ainsi au livre de ma destinée.
Pourquoi mes yeux en seraient-ils offensés? O
Lucrezia, tu ne m'avais donné que du bonheur;
à présent que je vais souffrir par toi et pour toi,
je vois à quel point je t'aime !

La Floriani était déjà très-inquiète, elle avait
cherché Karol dans tout le parc, ne concevant
pas que, contrairement à ses habitudes, il se
fût levé avant elle et qu'il eût été se promener
sans elle. Elle était dans la chaumière du pêcheur lorsqu'elle vit le prince effacer l'inscription et rentrer précipitamment, comme si, de

même que Laërtes, il eût craint d'être grondé.

Elle courut après lui, et l'enlaçant dans ses bras :

« Vous trouvez donc, lui dit-elle, que ce serait

un grave mensonge ? »

Karol n'avait guère l'esprit présent; il ne

songeait pas qu'elle eût pu le voir effacer les

vers du Dante; il ne pensait déjà plus à ces

vers, mais bien à la trahison possible de Salva-

tor. Il crut qu'elle répondait à ses secrètes pen-

sées, qu'elle avait deviné ses angoisses, épié

son essai de fuite; que sais-je? tout ce qu'il y

avait de plus invraisemblable lui vint à l'esprit,

et il répondit d'un air effaré : « Soyez-en juge

vous-même, il ne m'appartient pas de répondre

pour vous. »

Lucrezia fut un peu étonnée et commença à

redouter quelques accès d'excentricité. Salvator

l'en avait prévenue à diverses reprises avant

qu'elle donnât son cœur au prince. Mais elle n'avait pu y croire, parce que, depuis sa maladie, Karol avait toujours été ravi au septième ciel et ne lui avait jamais causé un instant d'effroi. Elle se demanda s'il était bien guéri, s'il n'était pas menacé d'une rechute imminente, ou bien si, réellement, son cerveau était faible et tourmenté d'idées fantasques. Elle l'interrogea. Il ne voulut point répondre, et lui baisa la main à plusieurs reprises, en lui demandant pardon. Mais pardon de quoi? Voilà ce qu'elle ne put jamais savoir, malgré les investigations de sa tendresse. Ses manières étaient aussi changées que sa figure et son langage. Il s'était dit que, s'il se décidait à rentrer chez elle, il devait prendre avec lui-même l'engagement de ne lui faire aucune question, aucun reproche, de ne point avilir son propre amour par des paroles bles-

santes de part ou d'autre ; enfin, il se roidissait
pour ainsi dire dans une sorte de religion chevaleresque et dans un redoublement de respect
extérieur, comme s'il eût cru réparer par là le
tort qu'il lui avait fait dans son âme en la soup-
çonnant.

La Floriani avait toujours été vivement touchée de ce respect qu'il lui témoignait devant
ses enfants et ses serviteurs. Rien, chez lui, ne
lui rappelait le sans-gêne blessant et l'espèce
d'abandon impertinent des amants heureux.
Mais, dans le tête-à-tête, elle n'était pas habituée
à lui voir détourner son front de ses lèvres et
se rejeter sur ses mains en saluant comme un
abbé qui rend hommage à une douairière. Elle
essaya de rompre cette glace, elle lui fit de ten-
dres reproches, elle le railla amicalement : tout
fut inutile. Il se hâtait de retourner vers la

maison, car il sentait que sa souffrance n'était
pas assez calmée pour lui permettre de paraître heureux.

Salvator ne fut point étonné de voir, ce jour-
là, son ami silencieux et sombre; il l'avait vu si
souvent ainsi! « Je suis inquiète ce matin, lui
dit tout bas Lucrezia; Karol est pâle et triste.
— Tu devrais être habituée à le voir s'éveiller
tout différent de ce qu'il était en s'endormant,
répondit Salvator. N'est-il pas mobile et chan-
geant comme les nuages?

— Non, Salvator, il n'est point ainsi. Depuis
deux mois, c'est un ciel pur et brûlant, sans un
seul nuage, sans la moindre vapeur.

— En vérité! quelle merveille tu me contes
là! Je peux à peine te croire.

— Je te le jure. Que peut-il donc avoir aujourd'hui?

— Mais rien! il aura fait un mauvais rêve.

— Il n'en faisait plus que de beaux!

— C'était un grand hasard ou un grand prodige; moi, je ne l'ai jamais vu une semaine.... que dis-je? un jour entier, sans tomber dans quelque accès de mélancolie.

— Et à propos de quoi y tombait-il si souvent?

— Tu me demandes là ce que je n'ai jamais pu lui faire dire. Karol n'est-il pas un hiéroglyphe ambulant, un mythe personnifié?

— Il ne l'a pas été pour moi jusqu'à cette heure; et, puisque j'avais trouvé, à mon insu, le moyen de le rendre heureux et confiant, il faut bien que je lui aie déplu en quelque chose depuis hier.

— Vous êtes-vous querellés cette nuit?

— Querellés? quel mot!

— Oh ! tu es devenue *sublime* comme lui, je le vois bien, et il faut se faire un vocabulaire choisi exprès pour vous deux. Eh bien, voyons, n'avez-vous pas touché à quelque point douloureux de votre existence à l'un ou à l'autre, en causant ensemble la nuit dernière ?

— La nuit dernière, comme toutes les autres nuits, je n'ai pas quitté mes enfants. Nous nous retirons de bonne heure, je me lève avec le jour, et, tandis que les petits sommeillent encore ou babillent avec leur bonne en se levant, je vais éveiller doucement Karol, et nous causons ensemble ; le plus souvent, nous nous regardons et nous nous adorons sans nous rien dire. Ce sont deux heures de délices, où jamais un mot pénible, une réflexion positive, un souvenir quelconque des ennuis et des maux de la vie réelle, n'ont trouvé place. Ce matin, j'ai été

ouvrir ses fenêtres comme à l'ordinaire, comme
j'en ai pris l'habitude durant sa maladie.

Il était déjà sorti, ce qui ne lui était encore
jamais arrivé. Il est resté deux heures absent.
Il avait l'air égaré en rentrant, il disait des paroles que je ne comprends pas, ses manières
étaient bizarres. Il m'a fait presque peur, et
maintenant, son abattement, le soin qu'il prend
de ne pas rester avec nous, me font mal. Toi,
qui le connais, tâche de lui faire dire ce qu'il a !

— Moi, qui le connais, je ne puis rien te
dire, sinon qu'il a été gai hier soir, ce qui était
un signe certain qu'il serait triste ce matin. Il
n'a jamais eu une heure d'expansion dans sa
vie, sans la racheter par plusieurs heures de réserve et de taciturnité. Il y a certainement à cela
des causes morales, mais trop légères ou trop
subtiles pour être appréciables à l'œil nu. Il

faudrait un microscope pour lire dans une âme
où pénètre si peu de la lumière que consom-
ment les vivants.

— Salvator, tu ne connais pas ton ami, dit
la Lucrezia : ce n'est point là son organisation.
Un soleil plus pur et plus éclatant que le nôtre
rayonne dans son âme ardente et généreuse.

— Comme tu voudras, répondit Salvator en
souriant; alors, tâche d'y voir clair et ne m'appelle pas pour tenir le flambeau.

— Tu railles, mon ami! reprit la Floriani
avec tristesse, et pourtant je souffre! Je m'in-
terroge en vain, je ne vois pas en quoi j'ai pu con-
trister le cœur de mon bien-aimé. Mais la froideur de son regard me glace jusqu'à la moelle
des os, et, quand je le vois ainsi, il me semble
que je vais mourir.

CHAPITRE VI

Quelques mots de franche explication eussent guéri les souffrances de la Floriani et de
son amant ; mais il eût fallu qu'en demandant
à connaître la vérité, Karol pût avoir confiance
dans la loyauté de la réponse ; et, quand on s'est
laissé dominer par un soupçon injuste, on perd

trop de sa propre franchise pour se reposer sur celle d'autrui. D'ailleurs, ce malheureux enfant n'avait pas sa raison, et il n'en conservait que juste assez pour savoir que la raison ne le persuaderait pas.

Heureusement ces natures, promptes à se troubler et folles dans leurs alarmes, se relèvent vite et oublient. Elles sentent elles-mêmes que leur angoisse échappe aux secours de l'affection, et qu'elle ne peut cesser qu'en s'épuisant d'elle-même. C'est ce qui arriva à Karol. Le soir de cette sombre journée, il était déjà fatigué de souffrir, il s'ennuyait de la solitude; la nuit, comme il y avait longtemps qu'il n'avait dormi, il subit un accablement qui lui procura du repos. Le lendemain il retrouva le bonheur dans les bras de la Floriani; mais il ne s'expliqua pas sur ce qui l'avait rendu si diffé-

rent de lui-même la veille, et elle fut forcée de
se contenter de réponses évasives. Cela resta en
lui comme une plaie qui se ferme, mais qui doit
se rouvrir, parce que le germe du mal n'a pas
été détruit.

Lucrezia n'oublia pas aussi vite ce que son
amant avait souffert. Quoiqu'elle fût loin d'en
pénétrer le motif, elle en ressentit le contre-
coup. Ce ne fut pas chez elle une douleur soudaine, violente et passagère. Ce fut une inquiétude sourde, profonde et continuelle. Elle per-
sista, en dépit de Salvator, à croire qu'il n'y a
pas de souffrance sans cause ; mais elle eut beau
chercher, sa conscience ne lui reprochant rien,
elle fut réduite à croire que Karol avait senti se
réveiller en lui, ou le souvenir de sa mère, ou
le regret d'avoir été infidèle à la mémoire de
Lucie.

Karol était donc redevenu calme et confiant, avant que la Floriani se fût consolée de l'avoir vu malheureux ; mais au moment où elle se rassurait enfin et commençait à oublier l'effroi que lui avait causé ce nuage, une circonstance réveilla la souffrance de Karol. Et quelle circonstance ? nous osons à peine la rapporter, tant elle est absurde et puérile. En jouant avec Laërtes, la Floriani, touchée de sa grâce et de son regard tendre, lui donna un baiser sur la tête. Karol trouva que c'était une profanation, et que la bouche de Lucrezia ne devait pas effleurer la tête d'un chien. Il ne put s'empêcher d'en faire la remarque avec une certaine vivacité qui trahit sa répugnance pour les animaux. La Floriani, étonnée de le voir prendre au sérieux une pareille chose, ne put se défendre d'en rire, et Karol fut profondément blessé.

— Mais quoi, mon enfant, lui dit-elle, aime-
riez-vous mieux une discussion en règle à propos d'un baiser donné à mon chien? Pour moi,
je n'aimerais pas à me mettre en désaccord
avec vous sur quoi que ce soit, et, ne trouvant
pas le sujet digne d'être commenté et pesé, je
n'éprouve que le besoin de m'égayer un peu sur
la bizarrerie de ce sujet même.

— Ah! je suis ridicule, je le sais, dit Karol; et
c'est une chose funeste pour moi, que vous com-
menciez à vous en apercevoir! Ne pouviez-vous
me répondre autrement que par un éclat de rire?

— Je ne trouvais rien à répondre là-dessus,
vous dis-je, reprit Lucrezia un peu impatien-
tée. Faut-il donc, quand vous me faites une observation, que je baisse la tête en silence, quand
même je ne suis point persuadée qu'elle vaille
la peine d'être faite?

« — Il faut donc devenir étranger l'un à l'autre sur tout ce qui touche au monde réel, dit Karol avec un soupir. Nous nous entendrions si peu sur ce point, que je dois apparemment me taire ou n'ouvrir la bouche que pour faire rire ! »

Il bouda deux heures pour ce fait, après quoi il n'y songea plus et redevint aussi aimable que de coutume ; mais la Floriani fut triste pendant quatre heures, sans bouder et sans montrer sa tristesse.

Le lendemain, ce fut autre chose, je ne sais quoi, moins encore ; et le surlendemain on fut triste de part et d'autre, sans cause apparente.

Salvator n'avait pas vu la pureté éclatante du bonheur de ces deux amants en son absence. A peine arrivé, il ne voyait, au contraire, que le retour de Karol à ses anciennes susceptibilités.

Il le trouvait, tantôt plein d'affection, tantôt plein de froideur pour lui. Il ne s'en étonnait pas, l'ayant toujours vu ainsi ; mais il se disait avec chagrin que la cure n'était point radicale, et il revenait à la conviction que ces deux êtres n'étaient point faits l'un pour l'autre.

Après plusieurs jours d'observations et de réflexions sur ce sujet, il résolut de s'en expliquer avec son ami, et de l'amener malgré lui à se révéler. Il savait que ce n'était point facile, mais il savait aussi comment il devait s'y prendre.

— Cher enfant, lui dit-il, environ une semaine après son retour à la villa Floriani, je voudrais, s'il est possible, obtenir de toi une réponse à la question suivante : Sommes-nous encore pour longtemps ici ?

— Je ne sais pas, je ne sais pas ! répondit Karol d'un ton sec, et comme si cette demande l'eût fort importuné ; mais un instant après, ses yeux se remplirent de larmes, et il parut prévoir, par la manière dont il regarda Salvator, que leur séparation lui semblait inévitable.

— Je t'en prie, Karol, reprit le comte Albani, en lui prenant la main, une fois en ta vie essaie de te faire une idée de l'avenir par complaisance pour moi, qui ne puis rester dans une éternelle attente des événements. Autrefois, c'est-à-dire avant de venir ici, tu te retranchais toujours sur l'état de ta santé, qui ne te permettait de faire aucun projet. « Fais de moi tout ce que tu voudras, disais-tu ; je n'ai aucune volonté, aucun désir. » A présent, les rôles sont changés, et ta santé ne peut plus te servir de prétexte ; tu te portes fort bien, tu as pris de la force... Ne secoue pas la tête : je ne

sais où en est ton moral, mais je vois fort bien
que ton physique va au mieux. Tu ne te res-
sembles plus, ta figure a changé de ton et d'expression, tu marches, tu manges, tu dors comme
tout le monde. L'amour et Lucrezia ont fait ce
miracle; tu ne t'ennuies plus de la vie, tu te
sens fixé apparemment. C'est à mon tour d'être
incertain et de ne plus voir clair devant moi.
Voyons, tu veux rester ici, n'est-ce pas?

— Je ne sais pas si je pourrais partir, quand
même je le voudrais, répondit Karol, extrême-
ment malheureux d'avoir à répondre clairement:
je crois que je n'en aurais pas la force, et pourtant je le devrais.

— Tu le devrais, parce que?...

— Ne me le demande pas. Tu peux bien le
deviner toi-même.

— Tu es donc toujours aussi paresseux d'esprit quand il faut arriver à traiter l'insipide chapitre de la vie réelle ?

— Oui , d'autant plus paresseux que j'en suis sorti davantage depuis quelque temps.

— Alors, tu veux que je fasse comme à l'ordinaire ; que je pense à ta place, que je discute avec moi-même comme si c'était avec toi, et que je te prouve par de bonnes raisons ce que tu as envie de faire.

— Eh bien! oui, répondit le prince avec le sérieux d'un enfant gâté. Ce n'est pas qu'en cette circonstance il eût besoin de l'avis d'un autre pour connaître la force de son amour; mais il était bien aise d'entendre juger sa situation par Salvator, pour tâcher de lire dans les sentiments secrets de celui-ci.

— Voyons! reprit gaîment Salvator, qui redoutait d'autant moins un piége qu'il n'avait pas d'arrière-pensée ; je vais essayer. Ce n'est pas facile maintenant; tout est changé en toi, et il ne s'agit plus de savoir si l'air de ce pays est bon, si le séjour est agréable, si l'auberge est bien tenue, et si la chaleur ou le froid ne doivent point nous chasser. L'été de la passion te réchaufferait quand même le soleil de juin ne darderait pas ses rayons sur ta tête. Cette maison de campagne est belle, et l'hôtesse n'est point désagréable..... Allons! tu ne veux pas même sourire de mon esprit?

— Non, ami, je ne puis. Parle sérieusement.

— Volontiers. Alors, je serai bref. Tu es heureux ici, et tu te sens ivre d'amour. Tu ne peux prévoir combien de temps cela durera sans se troubler et s'obscurcir. Tu veux jouir de ton bonheur tant que Dieu le permettra, et après... Voyons, après? Réponds. Jusqu'ici j'ai constaté

ce qui est, c'est ce qui sera ensuite que je tiens
à savoir.

— Après! après, Salvator? Après la lumière
il n'y a que les ténèbres.

— Pardon! il y a le crépuscule. Tu me diras
que c'est encore la lumière, et que tu en joui-
ras jusqu'à extinction finale. Mais quand viendra la nuit, il faudra pourtant bien se tourner
vers un autre soleil? Que ce soit l'art, la politi-
que, les voyages ou l'hyménée, nous verrons!
Mais, dis-moi, quand nous en serons là, où nous
retrouverons-nous? Dans quelle île de l'Océan
de la vie faut-il que j'aille t'attendre?

— Salvator! s'écria le prince effrayé et ou-
bliant les tristes soupçons qui l'obsédaient, ne
me parle pas d'avenir. Tiens, moins que jamais
je puis prévoir quelque chose. Tu me prédis la
fin de mon amour ou *du sien*, n'est-ce pas? Eh

bien, parle-moi de la mort, c'est la seule pensée que je puisse associer à celle que tu me suggères.

— Oui, oui, je comprends. Eh bien! n'en
parlons plus, puisque tu es encore dans ce paroxysme où l'on ne peut songer ni à faire cesser
ni à faire durer le bonheur. Il est fâcheux, peut-
être, qu'un peu d'attention et de prévoyance ne
soient pas admissibles dans ces moments-là; car
tout idéal s'appuie sur des bases terrestres, et
un peu d'arrangement dans les choses de la vie
pourrait contribuer à la stabilité ou du moins à
la prolongation du bonheur!

— Tu as raison, ami, aide-moi donc! Que
dois-je faire? Y a-t-il quelque chose de possible dans la situation étrange où je me vois placé? J'ai cru que cette femme m'aimerait toujours!

— Et tu ne le crois plus?

— Je ne sais plus rien, je ne vois plus clair.

— Il faut donc que je voie à ta place. La Floriani t'aimera toujours, si vous pouvez parvenir à aller demeurer dans Jupiter ou dans Saturne.

— O ciel! tu railles?

— Non, je parle raison. Je ne connais pas de cœur plus ardent, plus fidèle, plus dévoué que celui de Lucrezia ; mais je ne connais pas d'amour qui puisse conserver son intensité et son exaltation au delà d'un certain temps, sur la terre où nous vivons.

— Laisse-moi, laisse-moi! dit Karol avec amertume, tu ne me fais que du mal!

— Ce n'est pas le procès de l'amour que je viens faire, reprit Salvator avec calme. Je ne prétends pas prouver non plus que votre amour soit vulgaire, et qu'il ne puisse résister, plus que tout autre, aux lois de sa propre destruction. Sur ce chapitre, tu en sais plus que moi, et tu connais la Floriani sous un aspect que je n'ai jamais pu que pressentir et deviner. Mais ce que je connais mieux que vous deux, peut-être, malgré toute l'expérience de cette adorable folle de Lucrezia, c'est que le milieu où se trouve placée la vie positive des amants agit, malgré eux et malgré tout, sur leur passion. Vous aurez en vain le ciel dans le cœur, si un arbre vous tombe sur la tête, je vous défie de ne pas vous en ressentir. Eh bien, si les circonstances extérieures vous aident et vous protégent, vous pouvez vous aimer longtemps, toujours peut-être ! jusqu'à ce que la vieillesse vienne vous apprendre que le *toujours* des amants n'est pas le sien. Si, au contraire, en ne prévoyant et n'examinant rien, vous laissez de mauvaises influences pénétrer jusqu'à vous, il vous arrivera de subir le sort commun, c'est-à-dire de voir des misères vous troubler et vous anéantir.

— Je t'écoute, ami; continue, dit Karol, que faut-il craindre et prévoir? Que puis-je empêcher?

— La Floriani est libre comme l'air, j'en conviens; elle est riche, indépendante de toute ancienne relation, et il semble qu'elle ait eu la révélation de ce qui convenait à votre bonheur, en rompant d'avance avec le monde et en venant s'enfermer dans cette solitude. Voilà d'excellentes conditions pour le présent; mais sont-elles à jamais durables?

— Crois-tu qu'elle éprouve le besoin de retourner dans le monde? Mon Dieu! si cela peut arriver... Malheureux, malheureux que je suis !

— Non, non, cher enfant, dit Salvator frappé du désespoir et de l'épouvante de son ami. Je ne dis point cela, je n'y crois pas. Mais le monde peut venir la chercher ici, et l'y obséder malgré elle. Si je n'avais pas été muet comme la tombe, à Venise, avec tous ceux qui m'ont parlé d'elle, si je n'avais pas répondu d'une manière évasive à ceux qui savaient bien qu'elle était ici : « Elle a le projet de s'y installer, peut-être, mais elle n'est pas fixée, elle va faire un voyage, elle ira peut-être en France..... » que sais-je? tout ce que Lucrezia elle-même m'avait suggéré de répondre aux questions indiscrètes... déjà, sois-en sûr, vous seriez inondés de visites. Mais ce qui est différé n'est peut-être pas perdu. Un jour peut venir où vous ne serez plus seuls ici:

quelle sera ton attitude vis-à-vis des anciens
amis de ta maîtresse?

— Horrible! horrible! répondit Karol en
frappant sa poitrine.

— Tu prends tout d'une manière trop tragi-
que, mon cher prince! Il n'est pas question de
se désespérer pour cela, mais de s'y attendre
et d'être prêt à lever sa tente dans l'occasion.
Ainsi ce mal ne serait pas sans remède. Vous
pourriez partir et aller chercher quelqu'autre
solitude temporaire. Il y a un certain art à dégoûter les visiteurs, c'est de ne jamais les rendre certains de vous rencontrer. La Floriani
entend cela fort bien. Elle t'aiderait à sortir
d'embarras... Calme-toi donc!

— Eh bien, alors, n'y a-t-il pas d'autres
dangers? dit Karol qui passait, avec sa mobilité

ordinaire, de l'épouvante exagérée à la confiance
paresseuse.

— Oui, mon enfant, il y a d'autres dangers,
répondit Salvator ; mais tu vas t'émouvoir encore, plus que je ne veux, et peut-être m'envoyer au diable.

— Parle toujours.

— Il y a, quand vous aurez fait la solitude
autour de vous, le danger de la satiété.

— Il est vrai, dit Karol accablé de cette pensée, peut-être déjà le pressens-tu avec raison,
de sa part. Oh oui ! j'ai été souffrant et morose
ces jours-ci. Elle a dû être lasse et ennuyée de
moi. Elle te l'a dit ?

— Non, elle ne me l'a pas dit ; elle ne l'a
point pensé, et je ne crois pas qu'elle se lasse
la première. C'est pour toi, bien plus que pour
elle, que je crains la fatigue de l'âme.

— Pour moi , pour moi, dis-tu?

— Oui, je sais que tu es un être d'exception, je sais ta persévérance à aimer une femme que tu n'avais point connue (qu'il me soit permis de le dire à présent). Je sais aussi de quelle manière exclusive et admirable tu as aimé ta mère. Mais tout cela n'était pas de l'amour. L'amour s'use, et le tien, sachant moins que tout autre supporter les atteintes de la réalité, s'usera vite.

— Tu mens! s'écria Karol avec un sourire d'exaltation à la fois superbe et naïf.

— Mon enfant, je t'admire, mais je te plains, reprit Salvator. Le présent est radieux, mais l'avenir est voilé.

— Fais-moi grâce de lieux communs!

— Fais-moi la grâce d'en écouter un seul. Ta noble famille, tes anciens amis, ce grand monde

très-restreint, mais d'autant plus choisi et sévère, que tu as eu jusqu'ici pour milieu, pour
air vital, si je puis parler ainsi, quel rôle vas-tu
y jouer?

—J'y renonce pour jamais! J'y ai songé, à cela,
Salvator, et cette considération a pesé moins
qu'une paille dans la balance de mon amour.

— Très bien ; quand tu retourneras à tes
grands parents, ils t'absoudront, à coup sûr ;
mais ils ne diront pas moins qu'il est indigne
de toi d'avoir été l'amant d'une comédienne, si
longtemps et si sérieusement. Ils te pardonne-
raient plus aisément, ces vertueux amis, d'avoir
eu cent caprices de ce genre qu'une passion.

— Je ne te crois point ; mais s'il en était
ainsi, raison de plus pour que je rompe sans regret avec ma famille et toutes nos anciennes
relations.

— A la bonne heure, ce sont gens admira-
bles, mais fort ennuyeux, que les grands pa
rents ; il y a longtemps que je laisse gronder les
miens sans les interrompre. Si tu veux être
mauvaise tête, aussi... c'est fort inattendu, fort
plaisant, mais, vive Dieu ! je m'en réjouis ! Cependant, cher Karol, il y a une autre famille à
laquelle tu ne penses pas, c'est celle de la Floriani, et tu l'as pour témoin de vos amours.

— Ah ! tu touches enfin le point douloureux,
s'écria le prince frissonnant comme à la mor-
sure d'un serpent. Son père, oui, ce misérable,
qui nous prend pour des histrions mourant de
faim et recevant ici l'aumône du logement et de
la nourriture ! C'est hideux, et j'ai failli partir
en lui entendant dire cela à Biffi.

— Le père Menapace nous fait cet honneur ? répondit Salvator en éclatant de rire....

Mais, voyant combien Karol prenait au sérieux ce ridicule incident, il essaya de le calmer.

— Si tu avais raconté à la Lucrezia cette bouffonne aventure, lui dit-il, elle t'eût répondu de manière à t'en consoler, et voici ce que cette brave femme t'aurait dit : « Mon enfant, je n'ai jamais eu que des amants dans la détresse, tant j'avais frayeur de passer pour une fille entretenue. Vous avez des millions, on peut croire que vous me rendez de grands services, et je vous aime tant que je n'y ai pas songé ou que je m'en moque ; oubliez donc les billevesées de mon père et de Biffi, comme j'oublie pour vous le monde entier. » Tu vois donc bien, Karol, que tu lui dois de n'être pas si chatouilleux à l'endroit de l'opinion. Mais parlons de ses enfants, mon ami, y as-tu songé ?

— Est-ce que je ne les aime pas ? s'écria le

prince. Est-ce que je voudrais les éloigner
d'elle un seul instant ?

— Mais est-ce qu'ils ne grandiront pas ? Est-
ce qu'ils ne comprendront jamais ? Je sais bien
qu'ils sont tous enfants naturels, qu'ils ne se
souviennent pas de leurs pères, et qu'ils sont
encore dans cet âge heureux, où ils peuvent se
persuader qu'une mère suffit pour qu'on vienne
au monde. Comment elle sortira un jour de cet
embarras vis-à-vis d'eux, et ce qui se passera
de sublime ou de déplorable dans le sein de
cette famille, cela ne nous regarde ni l'un ni
l'autre. J'ai foi aux merveilleux instincts de la
Floriani pour s'en tirer avec honneur. Mais ce
n'est pas une raison pour que tu compliques sa
situation par ta présence continuelle. Tu ne
sauras ou tu ne voudras jamais mentir. Comment cela pourra-t-il s'arranger ? »

Karol, qui ne connaissait pas l'expansion des paroles lorsqu'il était au comble du chagrin, cacha son visage dans ses mains et ne répondit pas. Il avait déjà pressenti cet affreux problème, depuis le jour où les enfants de la Floriani, le faisant souffrir de leurs rires et de leurs cris, la vision de l'avenir avait passé vaguement devant ses yeux. L'idée de devenir un jour l'ennemi naturel et le fléau involontaire de ces enfants adorés, s'était liée naturellement au premier instant d'ennui et de déplaisir qu'ils lui avaient causé.

— Tu déchires les entrailles de la vérité, dit-il enfin à son ami, et tu me les jettes toutes sanglantes à la figure. Tu veux donc que je renonce à mon amour, et que je meure? Tue-moi donc tout de suite. Partons!

CHAPITRE VII.

Salvator fut étonné de la violence du sentiment qui dominait encore Karol. Il était loin
de prévoir que cette violence, au lieu de dimi-
nuer, irait toujours en grandissant avec la souffrance; Salvator cherchait le bonheur dans l'a-
mour, et quand il ne l'y trouvait plus, son

amour s'en allait tout doucement. En cela, il était comme tout le monde. Mais Karol aimait pour aimer ; aucune souffrance ne pouvait le rebuter. Il entrait dans une nouvelle phase, dans celle de la douleur, après avoir épuisé celle de l'ivresse. Mais la phase du refroidissement ne devait jamais arriver pour lui. C'eût été celle de l'agonie physique, car son amour était devenu sa vie, et, délicieuse ou amère, il ne dépendait pas de lui de s'y soustraire un seul instant.

Salvator, qui connaissait si bien son caractère, mais qui n'en comprenait pas le fond, se persuada que la réalisation de sa prophétie ne serait qu'une affaire de temps.

— Mon ami, lui dit-il, tu ne me comprends pas, ou plutôt tu penses à autre chose qu'à ce dont nous parlons. A Dieu ne plaise que je veuille t'arracher aux premiers moments d'une ivresse qui n'est point à la veille de s'épuiser ! Mon avis, au contraire, c'est que tu ne te défendes pas d'être heureux et que tu te laisses aller entièrement, pour la première fois, au doux caprice de la destinée. Mais ce que j'ai à te dire, ensuite, c'est qu'il ne faut pas s'obstiner à violer le bonheur quand il se retire. Un jour viendra, tôt ou tard, où quelque défaillance de lumière se fera remarquer dans l'astre qui te verse aujourd'hui ses feux. C'est alors qu'il ne faudra pas attendre le dégoût et l'ennui pour quitter ton amie. Il faudra fuir résolûment..... pour revenir, entends-moi bien, quand tu sentiras de nouveau le besoin de rallumer le flambeau de ta vie à la sienne. J'admets, tu le vois, que ta constance doive être éternelle. Raison de plus pour rendre léger le

joug qui vous lie, en évitant l'accablement d'un
tête-à-tête perpétuel et absolu. Tout ce qui te
choque déjà ici disparaîtra à distance, et quand
tu reviendras l'affronter, tu verras que les mon-
tagnes sont des grains de sable. Tous les dangers réels d'une situation dont tu viens de te
rendre compte, s'évanouiront quand tu ne seras plus l'hôte unique et exclusif de la famille.
Les enfants n'auront pas de reproche à te faire,
car si l'entourage soupçonne une préférence de
leur mère pour toi, il ne pourra la constater.
Vous n'aurez plus l'air de braver l'opinion,
mais d'entretenir une noble et durable amitié
par de fréquentes relations. Tu pourrais n'être
que l'ami et le frère de la Floriani, comme moi,
par exemple, qu'il serait encore coupable et
dangereux de fixer sans retour ta vie auprès
d'elle. A plus juste raison, étant réellement son

amant, dois-tu à sa dignité et à la tienne de voi-
ler un peu cette passion aux yeux d'autrui. Tu
trouves peut-être que je prends grand soin de la
réputation d'une femme qui n'en a pris aucun
jusqu'à présent. Mais ce n'est pas toi qui dou-
terais de la sincérité avec laquelle elle avait résolu de se réhabiliter d'avance pour l'honneur
futur de ses filles, en quittant le monde et en
rompant tous les liens antérieurs. Ce n'est pas
toi qui voudrais lui faire perdre le prix du sacrifice qu'elle venait de consommer, des bonnes résolutions dont elle se trouvait déjà si heureuse, et l'empêcher d'être, avant tout, une
vertueuse mère de famille, comme elle s'en pi-
quait très-sérieusement, le jour où nous avons
frappé à sa porte. Cette porte était fermée, souviens-toi! J'aurais éternellement sur la conscience d'avoir forcé la consigne et de t'avoir

presque jeté ensuite dans les bras de cette pauvre femme confiante et généreuse, si, un jour, elle venait à maudire l'heure fatale où j'ai détruit son repos et fait échouer ses rêves de calme et de sagesse !

— Tu as raison ! s'écria le prince en se jetant dans les bras de son ami, et voilà le langage qu'il aurait fallu me parler tout d'abord. De toutes les choses réelles, il n'en est qu'une seule que je puisse comprendre : c'est le respect que je dois à l'objet de mon amour, c'est le soin que je dois prendre de son honneur, de son repos, de son bonheur domestique. Ah ! si, pour lui prouver mon dévouement aveugle et mon idolâtrie, il faut que je la quitte dès à présent, me voilà prêt. Sans doute, c'est elle qui t'a chargé de me suggérer ces réflexions que tu viens de me faire faire. Voyant que je ne songeais à rien, que je m'endormais dans les délices, elle s'est dit qu'il fallait me réveiller. Elle a bien fait. Va lui demander pardon pour mon imprévoyant égoïsme; qu'elle fixe elle-même la durée de mon absence, le jour de mon départ... et ne lui laisse pas oublier de fixer aussi celui de mon retour.

— Cher enfant, reprit Salvator en souriant, ce serait faire injure à la Floriani que de la croire plus raisonnable et plus prudente que toi. C'est de moi-même et à son insu que je t'ai parlé comme je viens de le faire, au risque de te briser le cœur. Si j'en avais demandé la permission à Lucrezia, elle me l'aurait refusée, car une amante comme elle, a toutes les faiblesses d'une mère, et quand nous parlerons de départ, bien loin qu'elle nous approuve, nous aurons une lutte à soutenir. Mais nous lui parlerons de ses enfants, et elle cédera à son tour.

Elle comprendra qu'un amant ne doit pas se conduire comme un mari, et s'installer chez elle comme le gardien d'une forteresse !

— Un mari ! dit Karol en se rasseyant et en regardant fixement Salvator....... Si elle se mariait !

— Oh ! pour cela, sois tranquille, il n'y a pas de danger qu'elle te fasse ce genre d'infidélité, répondit Salvator étonné de l'effet que ce mot, prononcé au hasard, avait produit sur le prince.

— Tu as dit un mari ! reprit Karol, s'acharnant à cette pensée soudaine : un mari serait la réhabilitation de sa vie entière. Au lieu d'être l'ennemi et le fléau de ses enfants, s'il était riche et digne, il deviendrait leur appui naturel, leur meilleur ami, leur père adoptif. Il accepterait là un noble devoir ; et comme il en serait récompensé ! Il ne la quitterait jamais, cette femme adorée ; il serait un rempart entre elle et le monde, il repousserait la calomnie comme la diffamation, il pourrait veiller sur son trésor, et ne pas distraire un seul jour de son bonheur pour de cruelles et importunes convenances de position. Être son mari ! oui, tu as raison ! Sans toi, je n'y aurais jamais songé. Vois si je ne suis pas frappé d'une sorte d'idiotisme en tout ce qui tient à la conduite de la vie sociale ! Mais j'ouvre les yeux : l'amour et l'amitié m'auront rendu le service de faire de moi un homme, au lieu d'un enfant et d'un fou que j'étais. Oui, oui, Salvator, être son mari, voilà la solution du problème ! Avec ce titre sacré, je ne la quitterai plus, et je la servirai au lieu de lui nuire.

— Eh bien ! voilà une heureuse idée ! s'écria Salvator ; j'en suis étourdi, je tombe des nues !

Songes-tu à ce que tu dis, Karol? toi, épouser la Floriani!

— Ce doute m'offense, fais-moi grâce de tes étonnements. J'y suis résolu, viens avec moi plaider ma cause et obtenir son consentement.

— Jamais! répondit Salvator; à moins que dans dix ans d'ici, jour pour jour, tu ne viennes me faire la même demande. O Karol! je ne te connaissais pas encore, malgré tant de jours passés dans ton intimité! Toi qui te défendais de vivre, par excès d'austérité, de méfiance et de fierté, voilà que tu te jettes dans un excès contraire et que tu prends la vie corps à corps comme un forcené! Moi, qui ai subi tant de sermons et de remontrances de ta part, voilà qu'il me faut jouer le rôle de mentor pour te préserver de toi-même!

Salvator énuméra alors à son ami toutes les

impossibilités d'une semblable union. Il lui parla fortement et naïvement. Il confessa que la Floriani était digne, par elle-même, de tant d'amour et de dévouement, et que, quant à lui, s'il avait dix ans de plus et qu'il pût se résoudre à l'enchaînement du mariage, il la préférerait à toutes les duchesses de la terre. Mais il démontra au jeune prince que cet accord des goûts, des opinions, des caractères et des tendances, qui sont le fond du calme conjugal, ne pouvait jamais s'établir entre un homme de son âge, de son rang et de sa nature, et la fille d'un paysan, devenue comédienne, plus âgée que lui de six ans, mère de famille, démocrate dans ses instincts et ses souvenirs, etc., etc. Il n'est pas même nécessaire de rappeler au lecteur tout ce que Salvator dut dire sur ce sujet. Mais l'influence qu'il avait prise sur son ami durant la première partie de cet entretien, échoua complétement devant son obstination. Karol avait compris de la vie tout ce qu'il en pouvait comprendre, le dévouement absolu. Tout ce qui était d'intérêt personnel et de prudence bien entendue pour sa propre existence, était lettre close pour lui.

Pardonne-lui, lecteur, ses puérilités, ses jalousies et ses caprices. Ceci n'en était plus un de sa part, et c'est dans de telles occasions que la grandeur et la force de son âme rachetaient le détail. Plus Salvator lui démontrait les inconvénients de son projet, plus il le lui faisait aimer. S'il eût pu assimiler ce mariage à un martyre incessant, où Karol devait subir tous les genres de torture au profit de la Floriani et de ses enfants, Karol l'eût remercié de lui faire le tableau d'une vie si conforme à son ambition et à son besoin de sacrifice. Il l'eût accompli avec

transport, ce sacrifice. Il eût pu encore faire un
crime à Lucrezia de prononcer devant lui un
nom qui sonnait mal à son oreille, de laisser
Salvator lui embrasser les genoux, de menacer
son enfant du fouet, ou de trop caresser son
chien, mais il n'eût jamais songé à lui reprocher d'avoir accepté l'immolation de toute
sa vie.

Heureusement... ai-je raison de dire heureusement!... n'importe! la Floriani, en recevant cette offre inattendue, fit triompher par
son refus tous les arguments du comte Albani.
Elle fut attendrie jusqu'aux larmes de l'amour
du prince, mais elle n'en fut pas étonnée, et
Karol lui sut gré d'y avoir compté. Quant à son
consentement, elle lui répondit que, quand
même il irait de la vie de ses enfants, elle ne le
donnerait point.

Telle fut la conclusion d'un combat de délicatesse et de générosité qui dura plus de huit jours à la villa Floriani. L'idée de ce mariage blessait l'invincible fierté de Lucrezia ; peut-être, dans l'intérêt même de ses enfants, avait-elle tort. Mais cette résistance était conforme au genre d'orgueil qui l'avait faite si grande, si bonne et si malheureuse. Une seule fois dans sa vie, à quinze ans, elle avait jugé tout naturel d'accepter l'offre naïve d'un mariage disproportionné en apparence. Ranieri n'était pourtant ni noble, ni très-riche, et la fille de Menapace, dans ce temps-là, apportait en dot son innocence et sa beauté dans toute leur splendeur. Mais il n'avait pu lui tenir parole, et la Floriani elle-même l'en avait vite dégagé, en prenant une idée juste de la société, et en voyant combien son amant eût été condamné à souffrir pour elle de la malédiction d'un père et des persécutions d'une famille. Depuis, elle avait fait le serment, non de renoncer au mariage, mais de ne jamais épouser qu'un homme de sa condition et pour qui cette union serait un honneur et non une honte.

Elle sentait cela si profondément, que rien ne put l'ébranler, et que la persistance du prince l'affligea beaucoup. Ce que toute autre femme à sa place eût pris pour un hommage enivrant, lui semblait presque une prétention humiliante, et, si elle n'eût connu l'ignorance de Karol sur tous les calculs vrais de l'existence sociale, elle lui eût su mauvais gré d'espérer la fléchir.

Depuis qu'elle était mère de quatre enfants et qu'elle avait expérimenté les accès de jalousie rétroactive que la vue de cette famille causait à ses amants, elle avait résolu de ne jamais se marier. Elle ne craignait encore rien de semblable de la part de Karol, elle ne prévoyait pas sitôt qu'il subirait, à cet égard, les mêmes tortures que les autres ; mais elle se disait qu'elle serait forcée de faire à la position et aux intérêts d'un époux quelconque des sacrifices qui retomberaient sur son intimité avec ses enfants : que cet époux aurait infailliblement à rougir devant le monde de les produire et de les patroner ; qu'enfin Karol perdrait sa considération et son titre d'homme sérieux, dans l'opinion cruelle et froide des hommes, en acceptant toutes les conséquences de son dévouement romanesque.

Elle n'eut donc aucun besoin de s'appuyer sur le sentiment du comte Albani, pour rester inébranlable. Karol eut une patience enchanteresse tant qu'il espéra la persuader. Mais la

Floriani, voyant qu'en invoquant toujours la considération du prince et les sentiments de sa noble famille, elle risquait d'agir, en apparence, comme ces femmes qui opposent une résistance hypocrite pour mieux enlacer leur proie, elle coupa court à ces instances par un refus net et un peu brusque. Elle avait aussi une peur affreuse de se laisser attendrir ; car, en n'écoutant que son dévouement maternel du moment, elle eût cédé à ses prières et à ses larmes. Elle fut donc forcée de feindre un peu et de proclamer une sorte de haine systématique pour le mariage, quoiqu'elle n'eût jamais songé à faire le procès de l'hyménée en général.

Lorsque le prince se fut en vain convaincu de l'inutilité de ses instances, il tomba dans une affliction profonde. Aux larmes tendrement essuyées par la Floriani, succéda un besoin de rêver, d'être seul, de se perdre en conjectures sur cette vie réelle dans laquelle il avait voulu entrer, et où il ne pouvait réussir à voir clair. Alors revinrent les fantômes de l'imagination, les soupçons d'un esprit qui ne pouvait apprécier aucun fait matériel à sa juste valeur, la jalousie, tourment inévitable d'un amour dominateur trompé dans ses espérances de possession absolue.

Il s'imagina que Salvator avait concerté avec Lucrezia tout ce qu'il lui avait dit d'inspiration, et tout ce qui s'était passé naturellement et spontanément entre eux dans ces longs entretiens où son âme s'était épuisée. Il crut que Salvator n'avait pas renoncé à être à son tour l'amant de Lucrezia, et que, le traitant comme un enfant gâté, il lui avait permis de passer avant lui, pour réclamer ses droits en secret aussitôt qu'il le verrait rassasié. C'était pour cela, pensait-il, qu'il l'avait tant exhorté à s'éloigner de temps en temps, afin de ne pas laisser devenir trop sérieux l'amour de Lucrezia et de pouvoir se faire écouter d'elle dans quelque intervalle.

Ou bien, supposition plus gratuite et plus folle encore! Karol se disait que Salvator avait eu avant lui la pensée d'épouser Lucrezia, et que, d'un commun accord, elle et lui, liés d'une amitié conforme à leur caractère, s'étaient promis de s'unir quelque jour, quand ils auraient joui encore un certain temps de leur mutuelle liberté. Karol reconnaissait bien que l'amour de Lucrezia pour lui avait été naïf et spontané, mais il redoutait de le voir cesser aussi vite qu'il s'était allumé, et, comme tous les hommes en pareil cas, il s'alarmait de cet entraînement qu'il avait tant admiré et tant béni.

Et puis, quand la conscience intime de ce malheureux amant justifiait sa maîtresse auprès des chimères de son cerveau malade, il se disait que la Floriani avait en lui, pour la première fois de sa vie, un amant digne d'elle, et qu'elle s'y attacherait naturellement pour toujours, si des artifices étrangers et des suggestions funestes ne venaient pas l'en détourner. Alors il songeait au comte Albani, et il l'accusait de vouloir séduire Lucrezia par les raisonnements d'une philosophie épicurienne et par la fascination impudique de ses désirs mal étouffés. Il incriminait le moindre mot, le moindre regard. Salvator était infâme, Lucrezia était faible et abandonnée.

Puis il pleurait, quand ces deux amis, qui ne parlaient ensemble que de lui et ne vivaient que

de sollicitude et de tendresse pour lui, venaient
l'arracher à ses méditations solitaires et l'acca-
bler de caresses franches et de doux reproches.
Il pleurait dans les bras de Salvator, il pleurait
aux pieds de Lucrezia. Il n'avouait pas sa folie,
et, l'instant d'après, il en était plus que jamais
possédé.

[illegible]
[illegible]
[illegible]
[illegible]
[illegible]
[illegible]

CHAPITRE VIII.

— Elle ne m'aime pas, elle ne m'a jamais aimé, disait-il à Salvator, dans les moments où son amitié pour lui redevenait lucide. Elle ne comprend même pas l'amour, cette âme si froide et si forte, quand elle invoque, pour me dégoûter de l'épouser, des considérations à moi personnelles ! Elle se sait donc pas que rien n'atteint la joie d'un cœur rempli d'amour, quand il a tout sacrifié à la possession de ce qu'il aime? Que parle-t-elle de me conserver ma liberté? Je comprends bien que c'est elle qui craint de perdre la sienne. Mais que signifie le mot de liberté dans l'amour? Peut-on en concevoir une autre que celle de s'appartenir l'un à l'autre sans aucun obstacle ? Si c'est, au contraire, une porte laissée ouverte au refroidissement et aux distractions, c'est-à-dire à l'infidélité, il n'y a pas, il n'y a jamais eu d'amour dans le cœur qui se défend ainsi ! »

Salvator essayait de justifier la Floriani de ces cruels soupçons ; mais c'était en vain, Karol était trop malheureux pour être juste. Tantôt il venait demander à son ami des consolations et des secours contre sa propre faiblesse, tantôt il le fuyait, persuadé qu'il était le principal ennemi de son bonheur.

Cette situation devenait chaque jour plus sombre et plus douloureuse, et le comte Albani, portant de bons conseils et de bonnes paroles d'affection à ces deux amants, tour à tour, voyait pourtant la plaie s'envenimer et leur bonheur devenir un supplice. Il eût voulu couper court en enlevant Karol. C'était impossible. Sa vie, à lui, n'était point agréable dans ce conflit perpétuel, et il eût souhaité partir. Il n'osait abandonner son ami au milieu d'une pareille crise.

Lucrezia avait espéré que Karol se calmerait et s'habituerait à l'idée de n'être que son amant. En voyant sa souffrance se prolonger et s'exalter, elle fut tout à coup saisie d'une profonde lassitude. Quand une mère voit son

enfant condamné à la diète par le médecin, se
tourmenter, pleurer, demander des aliments
avec une insistance désespérée, elle se trouble, elle hésite, elle se demande s'il faut écouter la rigueur de la science, ou se confier aux
instincts de la nature. Il advint que la Lucrezia
procéda un peu de même à l'égard de son
amant. Elle se demanda s'il ne valait pas mieux
lui administrer le secours dangereux, mais
souverain peut-être, de céder à sa volonté, que
le condamner, par sa prudence, à une lente
agonie. Elle appela Salvator, elle lui parla, elle
s'avoua presque vaincue. Elle avoua aussi que
ce mariage lui paraissait sa propre perte, mais
qu'elle ne pouvait tenir plus longtemps au
spectacle d'une douleur comme celle de Karol,
et qu'elle ne voulait point lui refuser cette
preuve d'amour et de dévoûment.

Salvator se sentait presque aussi ébranlé qu'elle. Néanmoins il se raidit contre la compassion et lutta encore pour préserver ces deux amants de la tentation d'une irréparable folie.

Karol, qui épiait tous leurs mouvements plus qu'ils ne le pensaient, et qui devinait, sans l'entendre, tout ce qui se disait autour de lui, vit l'irrésolution de la Floriani et la persistance du comte. Ce dernier lui sembla jouer un rôle odieux. Il y eut des moments où il lui voua une haine profonde.

Les choses en étaient là, et Karol l'eût emporté, sans un événement qui réveilla toute la force des arguments de la Lucrezia.

Karol se promenait sur le sable du rivage au bas du parc, et dans l'enceinte même de la propriété, fermée nuit et jour aux curieux. Cependant, comme l'eau était basse, par suite de la

sécheresse, il y avait une langue de côte sablo-
neuse, mise à sec, qui permettait aux gens du
dehors de pénétrer dans l'enclos, pour peu
qu'ils en eussent la fantaisie. La jalousie instinctive du prince lui avait fait remarquer cette
circonstance, et il avait hasardé plusieurs fois,
tout haut, l'observation que quelques pieux
entrelacés de branches, feraient une barrière
bien vite établie, pour fermer quelques toises
de grève découverte. La Floriani lui avait promis de le faire faire, mais, préoccupée de pensées bien autrement importantes, elle n'y avait
pas songé. Retirée dans son boudoir avec Salvator, elle lui disait, en ce moment, qu'elle
était à bout de son courage, et que voir souffrir si obstinément par sa faute l'être pour lequel elle aurait voulu donner sa vie, devenait
une entreprise au-dessus de ses forces.

Pendant ce temps, Karol marchait sur la
grève, en proie à ses agitations accoutumées,
et ne voyant des objets extérieurs que ce qui
pouvait irriter son mal et aggraver ses inquiétudes. Ce passage si mal gardé l'impatientait
particulièrement, chaque fois qu'il approchait
de la limite insuffisante.

Il ne voyait que cela, et pourtant la nature
était splendide; les rayons du couchant em-
pourpraient l'atmosphère, les rossignols chantaient, et, dans une nacelle amarrée à quelques
pas du prince, la charmante Stella berçait le
petit Salvator qui jouait avec des coquillages.
C'était un groupe adorable que ces deux enfants, l'un absorbé par cette mystérieuse tension de l'esprit que les enfants portent dans
leurs jeux, l'autre perdu dans une rêverie non
moins mystérieuse, en balançant la barque

légère avec ses petits pieds, et en chantant,
d'une voix frêle comme le bruissement de l'eau,
un refrain monotone et lent. Stella, en chantant ainsi sur la barque attachée à un saule,
croyait faire une longue navigation sur le lac.
Elle était lancée dans un poème sans fin, tout
peuplé des plus riantes fictions. Salvator,
en examinant, en rangeant et en déran-
geant ses coquilles et ses cailloux sur la ban-
quette qui lui servait d'appui, avait l'air sérieux
et profond d'un savant qui résout une équa-
tion.

Antonia, la belle paysanne qui les surveillait,
était assise à quelque distance et filait avec
grâce. Karol ne voyait rien de tout cela. Il ne
se doutait seulement pas de la présence des
deux enfants. Il ne voyait que Biffi, occupé à
tailler des pieux, et bien lent à son gré, car la

nuit allait venir, et il n'aurait pas seulement
commencé à les planter dans une heure.

Tout à coup Biffi prit ses pieux, les chargea
sur son épaule, et parut vouloir les emporter
vers la chaumière du pêcheur.

Le prince se fût fait un crime de jamais donner un ordre dans la maison de la Floriani, car
une indiscrétion sans importance, la plus légère infraction au savoir-vivre, est un véri-
table crime aux yeux des gens de sa classe.
Mais, en ce moment, dominé par une impa-
tience insurmontable, il demanda à Biffi d'un
ton d'autorité, pourquoi il abandonnait son
ouvrage en emportant les matériaux.

Biffi était d'un naturel doux et moqueur
comme ceux de son pays. Il fit d'abord la sourde
oreille, pensant probablement que l'histrion
jouait au prince pour le tâter. Puis, observant

avec surprise l'emportement de Karol, il s'arrêta et daigna répondre que ces pieux étaient
destinés au jardinet du père Menapace, et qu'il
allait les y installer.

— La signora ne vous a-t-elle pas ordonné,
au contraire, dit Karol tout tremblant d'une
inexplicable colère, de les placer ici pour fermer
cette grève?

— Elle ne m'en a rien dit, répondit Biffi, et
je ne vois rien à fermer ici, puisqu'à la première
pluie l'eau remontera jusqu'au mur de clôture.

— Cela ne vous regarde pas, reprit Karol; ce
que la signora commande, il me semble qu'il
faut le faire.

— Soit! répondit Biffi, je ne demande pas
mieux; mais si le père Menapace me voit employer à ceci les pieux qu'il voulait prendre
pour soutenir sa vigne, il se fâchera.

— N'importe! dit Karol tout hors de lui, vous devez obéir à la signora.

— J'en conviens, dit encore Biffi irrésolu et déchargeant à demi son fardeau ; c'est bien elle qui me paye, mais c'est son père qui me gronde.

Karol insista ; il voyait ou croyait voir errer au loin un homme qui côtoyait le lac, et s'arrêtait de temps en temps comme s'il eût cherché à s'orienter vers la villa Floriani. La lenteur indocile de Biffi exaspérait le prince. Il porta la main sur son épaule d'un air de commandement, et avec un regard d'indignation qui était si étranger à la douceur habituelle de sa physionomie, que Biffi eut peur et se hâta d'obéir.

— Ah ! çà, seigneur prince, dit-il avec une câlinerie un peu railleuse, que le prince trouva plus outrageante qu'elle ne l'était, montrez-moi la place, et commandez-moi, puisque vous savez ce qu'il faut faire ; moi, je n'en sais rien, on ne m'a averti de rien, je le jure !

Karol fit ce que de sa vie il ne s'était cru capable de faire. Il descendit à l'exécution d'une chose matérielle, au point de dessiner avec sa canne sur le sable la ligne de clôture que Biffi devait suivre, de lui indiquer la place où il fallait planter les piquets, et il le fit avec d'autant plus de justesse et d'ardeur, que, cette fois, il ne se trompait point : l'étranger qu'il avait aperçu dans le lointain, s'approchait visiblement, et, marchant toujours sur la grève, se dirigeait vers lui sans hésitation.

— Hâtez-vous, dit le prince à Biffi, si vous n'avez pas le temps d'entrelacer ce soir les branches de la palissade, que vos pieux soient

du moins plantés, afin que les promeneurs res-
pectent cette indication.

— Je ferai ce que voudra Votre Excellence,
répondit Biffi avec son humilité narquoise.
Mais qu'elle ne s'inquiète pas, il n'y a pas de
voleurs dans le pays, et jamais il n'en est entré
par là.

—Allez toujours, dépêchez-vous ! dit le prince
en proie à une anxiété dévorante et tout à fait
maladive ; et il roulait dans sa main une pièce
d'or, pour faire voir à Biffi qu'il serait large-
ment récompensé.

— Votre Excellence va perdre un beau sequin, dit le malin paysan en jetant un regard
de convoitise sur la main tremblante et dis-
traite de Karol.

— Maître Biffi, répondit le prince, je connais
l'usage, j'ai touché par mégarde à votre serpe,

je vous dois un pour-boire. Il est tout prêt pour quand vous aurez fini.

— Votre Excellence a trop de bonté ! s'écria Biffi électrisé tout d'un coup. Oh! pardieu! pensa-t-il, c'est bien un vrai prince, je le vois maintenant; mais je n'en dirai rien au père Menapace, car il me garderait mon sequin pour m'empêcher, soi-disant, de le dépenser mal à propos!

Et il se mit à travailler avec une rapidité et une vigueur athlétique; bien résolu, si le pêcheur venait l'interrompre, de lui dire avec aplomb qu'il agissait d'après l'ordre direct de la signora.

Tous les pieux étaient plantés, lorsque l'obstiné personnage dont l'approche causait une sueur froide au prince, arriva jusqu'à cette démarcation, et s'y arrêta, les bras croisés sur sa

poitrine, les yeux fixés devant lui, dans la direction du prolongement de la grève, et sans
paraître cependant faire aucune attention au
prince ni à Biffi.

Cette préoccupation était au moins bizarre,
car il n'était séparé d'eux que par quelques piquets. Il ne semblait pourtant pas songer à
franchir cette limite fraîchement marquée. C'é-
tait un homme jeune, d'une taille médiocre et
d'une mise assez recherchée, sans être de trop
bon goût ; sa figure était admirablement belle,
mais son regard fixe et son œil distrait annon-
çaient une espèce de fou, ou tout au moins de
maniaque, à moins que ce ne fût un genre
qu'il jugeait à propos de se donner.

Le prince, révolté d'abord de son audace,
commençait à prendre de cet homme l'opinion
qu'il ne savait réellement ni où il était, ni où il

voulait aller, lorsque l'étranger; s'adressant à
Biffi, lui dit d'une voix ronflante : « Mon ami,
n'est-ce point là la villa Floriani?

— Oui, Monsieur, répondit le jeune homme
sans se distraire de son travail. »

Le prince dardait sur l'étranger le regard du
lion qui défend sa proie. L'étranger jeta sur lui
un regard de curiosité à peu près indifférente,
et, sans s'inquiéter le moins du monde de l'expression de cette physionomie bouleversée, il se
remit à contempler la grève à laquelle Karol
tournait le dos.

Karol se retourna vivement, en pensant que
Lucrezia s'avançait peut-être de ce côté, et que
c'était son approche qui fascinait ainsi le voyageur; mais il ne vit sur la grève que les enfants
et leur bonne.

En ce moment Stella sortait de la barque,

et, soulevant son petit frère dans ses bras, elle lui disait : « Allons, Salvator, laissez-vous aider, monsieur, ou bien vous tomberez dans l'eau. »

A l'idée que l'enfant pouvait tomber dans l'eau avant que la bonne l'eût rejoint, Karol, dont l'esprit douloureux était toujours aux aguets de quelque malheur, oublia l'étranger et courut vers la barque pour aider Stella ; mais les deux enfants étaient déjà en sûreté sur le sable, et Karol, entendant marcher sur ses talons, se retourna et vit l'étranger derrière lui.

Il avait, sans façon, franchi la ligne fatale, et, sans daigner regarder le prince, il passa près de lui, fit un bond rapide vers les enfants et prit le petit Salvator dans ses bras, comme s'il eût voulu l'enlever.

Par un mouvement spontané, le prince Karol et Antonia s'élancèrent sur l'étranger. Karol le

saisit par le bras avec une vigueur dont l'indignation décuplait la portée naturelle, et
Biffi, armé de sa serpe, approcha de manière
à prêter main-forte, au besoin, contre l'étranger.

Celui-ci ne leur répondit que par un sourire
de dédain ; mais Stella fut la seule qui ne montra aucune terreur :

— Vous êtes fous ! s'écria-t-elle en riant. Je
connais bien ce monsieur, il ne veut faire aucun
mal à Salvator, car il l'aime beaucoup. Je vais
avertir maman que vous êtes là, ajouta-t-elle
en s'adressant au voyageur.

— Non, mon enfant, répondit ce dernier,
c'est fort inutile. Salvator ne me reconnaît pas,
et je fais peur ici à tout le monde. On croit que
je veux l'enlever. Tiens, ajouta-t-il en lui ren-
dant son jeune frère, ne te dérange pas. Je ne

désire qu'une chose, c'est de vous regarder encore un instant, et puis je m'en irai.

— Maman ne vous laissera pas partir sans
vous dire bonjour, reprit la petite.

— Non, non, je n'ai pas le temps de m'arrêter,
dit l'étranger visiblement troublé; tu diras à ta
mère que je la salue… Elle se porte bien, ta mère?

— Très-bien, elle est à la maison. N'est-ce
pas que Salvator a beaucoup grandi?

— Et embelli! répondit l'étranger. C'est un
ange! Ah! s'il voulait me laisser l'embrasser!…
Mais il a peur de moi, et je ne veux pas le faire
pleurer.

— Salvator, dit la petite, embrassez donc
monsieur. C'est votre bon ami, que vous avez
oublié! allons, mettez vos petits bras à son cou.
Vous aurez du bonbon, et je dirai à maman
que vous avez été très-aimable.

L'enfant céda, et après avoir embrassé l'étranger, il redemanda ses coquillages et ses cailloux et se remit à jouer sur le sable.

L'étranger s'était appuyé contre la nacelle; il regardait l'enfant avec des yeux pleins de larmes. Le prince, la bonne et Biffi, qui le surveillaient attentivement, semblaient invisibles pour lui.

Cependant, au bout de quelques instants, il parut remarquer leur présence et sourit de l'anxiété qui se peignait encore sur leurs figures. Celle de Karol attira surtout son attention, et il fit un mouvement pour se rapprocher de lui.

— Monsieur, lui dit-il, n'est-ce point au prince de Roswald que j'ai l'honneur de parler?

Et, sur un signe affirmatif du prince,

ajouta : « Vous commandez ici, et moi, je ne connais dans cette maison, probablement, que les enfants et leur mère ; ayez l'obligeance de dire à ces braves serviteurs de, s'éloigner un peu afin que j'aie l'honneur de vous dire quelques mots. »

— Monsieur, répondit le prince en l'emmenant à quelques pas de là, il me paraît plus simple de nous éloigner nous-mêmes ; car je ne commande point ici, comme vous le prétendez, et je n'ai que les droits d'un ami. Mais ils suffisent pour que je regarde comme un devoir de vous faire une observation. Vous n'êtes pas entré ici régulièrement, et vous n'y pouvez rester davantage sans l'autorisation de la maîtresse du logis. Vous avez franchi une palissade, non achevée, il est vrai, mais que la bienséance vous commandait de respecter. Veuillez vous

retirer par où vous êtes venu et vous présenter
sous votre nom à la grille du parc. Si la signora
Floriani juge à propos de vous recevoir, vous
ne risquerez plus de rencontrer chez elle des
personnes disposées à vous en faire sortir.

— Épargnez-vous le rôle que vous jouez,
Monsieur, répondit l'étranger avec hauteur; il
est ridicule : et, voyant étinceler les yeux du
prince, il ajouta avec une douceur railleuse :
« Ce rôle serait indigne d'un homme généreux
comme vous, si vous saviez qui je suis; écou-
tez-moi, vous allez vous en convaincre par vous-
même. »

CHAPITRE IX.

— Je m'appelle, poursuivit l'étranger en baissant la voix, Onorio Vandoni, et je suis le père de ce bel enfant dont vous voilà désormais constitué le gardien. Mais vous n'avez pas le droit de m'empêcher d'embrasser mon fils, et vous le réclameriez en vain, ce droit, que je

vous refuserais par la force, si la persuasion ne
suffisait point. Vous pensez bien que, lorsque
la signora Floriani a cru devoir rompre les
liens qui nous unissaient, il m'eût été facile de
réclamer, ou du moins de lui contester la possession de mon enfant. Mais à Dieu ne plaise
que j'aie voulu le priver, dans un âge aussi ten-
pre, des soins d'une femme dont le dévouement
maternel est incomparable! Je me suis soumis
en silence à l'arrêt qui me séparait de lui, je
n'ai consulté que son intérêt et le soin de son
bonheur. Mais ne pensez pas que j'aie consenti
à le perdre à jamais de vue. De loin, comme de
près, je l'ai toujours surveillé, je le surveillerai
toujours. Tant qu'il vivra avec sa mère, je sais
qu'il sera heureux. Mais s'il la perdait, ou si
quelque circonstance imprévue engageait la signora à se séparer de lui, je reparaîtrais avec le

zèle et l'autorité de mon rôle de père. Nous
n'en sommes point là. Je sais ce qui se passe
ici. Le hasard et un peu d'adresse de ma part
m'ont appris que vous étiez l'heureux amant de
la Lucrezia. Je vous plains de votre bonheur,
monsieur ! car elle n'est point une femme qu'on
puisse aimer à demi, et qu'on puisse se consoler de perdre !… Mais ce n'est point de cela qu'il
s'agit. Il ne s'agit que de l'enfant… je sais que
je n'ai plus le droit de parler de la mère. Je me
suis donc assuré de vos bons sentiments pour
lui, de la douceur et de la dignité de votre caractère. Je sais… ceci va vous étonner, car
vous croyez vos secrets bien enfermés dans cette
retraite que vous gardez avec jalousie, et que
vous étiez en train de palissader vous-même,
quand j'ai osé enjamber vos fortifications ! Eh
bien ! apprenez qu'il n'est point de secrets de

famille qui échappent à l'observation des valets...
Je sais que vous voulez épouser Lucrezia Floriani, et que Lucrezia Floriani n'accepte pas
encore votre dévoûment. Je sais que vous au-
riez servi volontiers de père à ses enfants. Je
vous en remercie pour mon compte, mais je
vous aurais délivré de ce soin en ce qui con-
cerne mon fils, et si la signora venait à se laisser fléchir par vos instances, vous pouvez compter toujours sur trois enfants et non sur quatre.

« Ce que je vous dis ici, Monsieur, ce n'est
point pour que vous le répétiez à Lucrezia. Cela
ressemblerait à une menace de ma part, à une
lâche tentative pour m'opposer au succès de
votre entreprise. Mais si j'évite ses regards, si
je ne vais pas chercher le douloureux et dangereux plaisir de la voir, je ne veux pas que
vous vous mépreniez sur les motifs de ma pru-

dence. Il est bon, au contraire, que vous les connaissiez. Vous voyez, qu'en dépit de vos retranchements, il m'était bien facile de pénétrer ici, de voir mon fils et même de l'enlever. Si j'y étais venu avec une pareille résolution, j'y aurais mis plus d'audace ou plus d'habileté. Je ne comptais pas avoir le plaisir de causer avec vous en approchant de cette maison, et en me laissant fasciner par la vue de mon enfant... que j'ai reconnu... ah! presque d'une lieue de distance, et lorsqu'il ne m'apparaissait que comme un point noir sur la grève! Cher enfant!... Je ne dirai pas : « *Pauvre enfant!*» il est heureux, il est aimé... Mais je m'en vais en me disant : Pauvre père! pourquoi n'as-tu pas pu être aimé aussi? Adieu, monsieur! je suis charmé d'avoir fait connaissance avec vous, et je vous laisse le soin de raconter, comme il vous conviendra, cette

bizarre entrevue. Je ne l'ai point provoquée,
je ne la regrette pas. Je ne sens point de haine
contre vous ; j'aime à croire que vous méritez
mieux votre félicité que je n'ai mérité mon infor-
tune. La destinée est une femme capricieuse qu'on
maudit parfois, mais qu'on invoque toujours ! »

Vandoni parla encore quelque temps avec
plus de facilité que de suite, et avec plus de
franchise que de chaleur. Cependant, lorsqu'il
eut embrassé son fils une dernière fois, sans
rien dire, il parut profondément ému.

Mais, tout aussitôt, il salua le prince avec
l'aplomb obséquieux et railleur du comédien,
et il s'éloigna, sans se retourner, jusqu'à la palissade où Biffi s'était remis à travailler, Là, il
s'arrêta encore assez longtemps pour regarder
l'enfant, puis enfin il salua de nouveau le prince,
et se remit en marche.

Outre l'émotion fâcheuse et le désagrément insupportable d'une pareille rencontre, la figure, la voix, la tournure et le discours de cet homme, quoique annonçant une grande bonté et une grande loyauté naturelles, n'excitèrent chez Karol qu'une antipathie prononcée. Vandoni était beau, assez instruit, et d'une honnêteté à toute épreuve : mais tout en lui sentait le théâtre, et il fallait l'habitude que la Floriani avait de fréquenter des comédiens encore plus affectés et plus ampoulés, pour qu'elle ne se fût jamais aperçue de ce qui choquait tant le prince à la première vue, à savoir cette affectation de solennité, qui trahissait l'étude à chaque pas, à chaque mot. Vandoni était un mélange d'emphase et de naïveté assez difficile à définir. La nature l'avait fait ce qu'il voulait paraître ; mais, ainsi qu'il arrive aux artistes

secondaires, l'art lui était devenu une seconde
nature. Il était sincèrement généreux et délicat,
mais il ne pouvait plus se contenter de l'être
par le fait; il avait besoin de le dire et de confier
ses sentiments comme il récitait un monologue
sur la scène. Tandis que les comédiens de premier ordre portent leur âme dans leur rôle,
ceux qui n'ont qu'une médiocre inspiration ra-
mènent leur rôle dans la vie privée et le jouent
sans en avoir conscience, à tous les instants du
jour.

En raison de cette infirmité, le bon Vandoni
avait l'extérieur moins sérieux que ses sentiments, et il ôtait à ses paroles le poids qu'elles
eussent eu par elles-mêmes, s'il ne les eût débi-
tées avec un soin trop consciencieux. Tandis
que les inflexions justes et la prononciation
nette de la Floriani partaient d'elle-même et

d'elle seule, la prononciation nette et les inflexions justes de Vandoni sentaient la leçon du
professeur. Il en était de même de sa démarche,
de son geste et de l'expression de sa physionomie. Tout cela sentait le miroir. Il est bien vrai
que l'étude avait passé dans son être et dans
son sang, et qu'il disait d'abondance ce qu'en
d'autres temps il s'était péniblement étudié à
bien dire. Mais la convention première de son
débit et de son attitude reparaissait toujours,
et tandis que le bon goût de la causerie est d'atténuer dans la forme ce qu'on peut apporter de
force dans le fond, son bon goût, à lui, consistait à tout faire ressortir et à ne rien laisser dans
l'ombre.

Ainsi, en parlant de son amour paternel, il
fit sentir trop l'attendrissement; en revendi-
quant ses droits de père et en parlant avec gé-

nérosité à son rival, il se posa trop en héros de
drame ; en voulant paraître résigné à l'infidélité
de sa maîtresse, il força trop l'intention et prit
presque un air de roué qui était bien au-dessus
de son courage. Joignez à tout cela une gêne
secrète dont les artistes médiocres ne se débar-
rassent jamais moins que lorsqu'ils cherchent
l'aisance, et vous vous expliquerez ce sourire
incertain, que Karol prit pour le comble de l'impertinence, ce regard parfois troublé, qu'il at-
tribua à l'hébètement de la débauche, enfin, ces
gestes arrondis qu'il fut tenté de souffleter.

Pourtant, cette impression personnelle du
prince Karol en contact avec le comédien Vandoni, était toute relative. Leurs défauts à tous
deux étaient si opposés, qu'à les voir ensemble,
il eût fallu condamner tour à tour deux caractères qu'on eût acceptés isolément. Le prince

péchait par excès de réserve, et, à force de haïr tout ce qui, dans la forme, pouvait être taxé de la plus légère exagération, il avait, par moments, une roideur glaciale, un peu désobligeante. Vandoni, au contraire, ne voulait passer devant personne sans lui laisser une certaine opinion de son mérite. Ses yeux ne cherchaient pas comme ceux du prince à éviter l'insulte d'un regard curieux, ils cherchaient ce regard et l'interrogeaient pour juger de l'effet produit. Quand l'effet lui paraissait manqué, il s'obstinait, afin d'en trouver un meilleur; mais comme il n'avait pas cette vivacité d'esprit qu'ont les grands comédiens, les grands avocats et les grands causeurs pour faire naître l'occasion de se manifester et de se développer, il restait souvent à côté de son effet.

Il n'était pourtant rien de tout ce que le

prince voulut supposer, d'après sa manière
d'être. Il n'était ni borné, ni hâbleur, ni débau-
ché, ni insolent. C'était plutôt une nature bien-
veillante, quoique assez personnelle, sincère
quoique un peu vaine, sobre et douce, bien que
portée, dans l'occasion, à se targuer du contraire. Il avait eu le malheur d'aspirer toujours
à plus de célébrité qu'il n'en pouvait avoir. Sa
passion était de jouer les premiers rôles, il n'y
était jamais parvenu. Alors, voulant faire valoir
les emplois effacés qui lui étaient confiés, il
avait joué trop en conscience les rôles de père
noble, de druide, de confident ou de capitaine
des gardes. C'est un grand tort que de vouloir
attirer trop l'attention sur les parties d'un ouvrage dramatique que l'auteur a placées au se-
cond plan. S'il y avait un endroit faible, voire
une platitude dans son rôle, Vandoni la faisait

impitoyablement ressortir, et il était tout étonné d'avoir fait siffler le poète qu'il avait cru servir de tout son zèle et de tous ses moyens.

En outre, il était petit et voulait paraître grand. Il avait une de ces belles voix de basse-taille qui ne peuvent varier leurs inflexions et que la nature a condamnées à une sonorité monotone. Il tirait vanité d'avoir un plus beau timbre que tel ou tel acteur en renom et ne se disait pas qu'une voix éraillée conduite par le génie, est plus sympathique et plus puissante qu'un vigoureux instrument obéissant à un souffle vulgaire. Ce bon Vandoni ! il s'en allait, pensant avoir remis à sa place, avec beaucoup de finesse, de mesure et de dignité, l'orgueil jaloux du petit prince de Roswald ; et le prince de Roswald haussait les épaules en le voyant partir, se demandant avec une profonde douleur comment la Floriani avait pu souffrir un seul jour l'intimité d'un homme si ridicule et médiocre.

Hélas ! Karol n'était pas, à cet égard, au bout de ses peines, car Vandoni ne se retirait pas pleinement satisfait de *son effet*. Il regrettait de n'avoir pas rencontré Lucrezia pour lui montrer un détachement philosophique ou une fierté magnanime qu'il n'avait pu feindre dans les premiers moments de leur rupture. Il regrettait d'avoir laissé à cette femme si forte l'idée qu'il ne l'était pas autant qu'elle, et tout ce qu'il y avait eu de naïf et de touchant dans ses larmes et dans sa colère, il voulait l'effacer par quelque scène de gloriole miséricordieuse qui lui paraissait d'un plus beau style.

Il ralentissait donc le pas, à mesure qu'il s'éloignait, sachant bien qu'il faut aider le hasard, et le hasard le plus aisé à prévoir aida sa petite ruse. Il était encore en vue, lorsque la Floriani descendit sur la grève.

Et que venait-elle faire sur cette grève, au lieu de rester dans son boudoir à causer avec le comte Albani? C'est qu'elle avait fini de causer, c'est qu'elle avait triomphé de la résistance de ce dernier, c'est qu'elle venait dire au prince : Vous l'emportez; je vous aime trop pour persister à vous faire souffrir. Soyez mon époux. J'expose mon amour maternel à de rudes combats, je brave l'avenir, j'étouffe le cri de ma conscience, mais je me damnerai pour vous s'il le faut !

Mais, de même qu'on se brise les mains et la tête en courant avec transport vers une porte que l'on compte franchir et qui se trouve fermée, de même la Floriani se heurta et resta

comme terrassée en rencontrant la figure froide
et chagrine de son amant. Il la salua avec la
courtoisie d'un respect passé à l'état de système;
mais son regard semblait lui dire : « Femme,
qu'y a-t-il de commun entre vous et moi? »

Jamais encore il ne s'était montré à elle
aussi triste; et comme, chez les natures qui ne
veulent pas se livrer, la tristesse prend l'apparence du dédain, elle fut épouvantée de l'expression de son visage. Elle regarda autour
d'elle comme pour demander aux objets extérieurs la cause de cette révolution funeste. Elle
vit Vandoni à distance. Elle pensait si peu à lui
qu'elle ne le reconnut point; mais Stella courut
à elle pour le lui désigner. « M. Vandoni s'en
va, il n'a pas voulu que je t'appelle (1); il dit

---

(1) L'auteur sait très-bien que l'enfant aurait dû dire *appe-
lasse*, mais l'enfant ne l'a point dit.

qu'il n'a pas le temps de s'arrêter. Sans doute il reviendra ; il a demandé comment tu te portais, il a embrassé Salvator, il a pleuré. On dirait qu'il a beaucoup de chagrin. Au reste, il a causé avec le prince, qui te racontera tout cela. Moi, je n'en sais pas davantage. »

Et l'enfant retourna jouer avec son frère.

La Lucrezia regarda alternativement le prince et Vandoni. Vandoni s'était retourné, il la voyait, mais il affectait d'être toujours absorbé par la vue de son fils. Le prince s'était détourné avec une sorte de dégoût, à l'idée que la Floriani allait rappeler son ancien amant et le lui présenter peut-être.

Elle comprit fort bien tout ce qui se passait, et ne s'étonna plus de l'angoisse de Karol. Mais elle savait, ou du moins elle croyait, que, d'un mot, elle pouvait la faire cesser, tandis que Van-

doni s'en allait humilié et brisé, sans doute. Il
s'en allait discrètement, sans avoir eu le temps
de reconnaître et de caresser son fils. Elle s'i-
magina qu'il souffrait énormément, tandis qu'il
ne souffrait réellement pas beaucoup dans ce
moment-là. Il avait bien les entrailles paternelles, et quand il était seul et qu'il pensait à
Salvator, il pleurait de bonne foi. Mais, en présence de son rival et de son infidèle, il avait un
rôle à soutenir, et, comme il arrive toujours
aux acteurs sur la scène, le monde réel dispa-
raissait devant l'émotion du monde fictif.

La Floriani était trop vraie, trop aimante,
trop généreuse pour se rendre compte de ce
qu'il éprouvait alors. Elle ne sentit qu'une immense compassion, l'horreur d'imposer le malheur et la honte à un homme qui l'avait beaucoup aimée et qu'elle s'était efforcée d'aimer

aussi. Elle comprit bien que ce qu'elle allait faire irriterait profondément Karol ; mais elle se dit qu'avec la réflexion, non-seulement il lui pardonnerait, mais encore il approuverait son mouvement. Le cœur raisonne vite, et, quand il est poussé par la conscience, il sacrifie sans hésiter toute répugnance et tout intérêt personnel. Elle courut vers la palissade, appela Vandoni d'une voix assurée, et, quand il se fut retourné pour venir à elle, elle fit quelques pas au devant de lui, lui tendit la main et l'embrassa cordialement.

Certes, Vandoni fut touché d'un élan si généreux et si hardi. Il avait espéré trouver une petite vengeance dans la confusion de Lucrezia en présence de son nouvel amant. Il n'avait pas compté qu'elle le rappellerait ; c'est pourquoi il avait été bien aise de se faire voir le plus longtemps possible pour prolonger la souffrance de son rival. Mais le cœur de la Floriani était bien au-dessus de toutes ces petitesses, et l'on ne fait pas rougir une femme profondément sincère et vaillante. Vandoni oublia son rôle, et couvrit de baisers et de larmes les mains de son infidèle. Il ne jouait plus le drame, il était vaincu.

— Je ne te permets pas de nous quitter ainsi, lui dit la Lucrezia avec une fermeté calme et affectueuse. Je ne sais d'où tu viens; mais fatigué ou non, tu te reposeras ici, tu verras Salvator à ton aise. Nous causerons de lui ensemble, et nous nous quitterons cette fois plus tranquilles et meilleurs amis qu'auparavant. Tu le veux, n'est-ce pas, mon ami? Nous avons été frères. Voici le moment de le redevenir.

— Mais le prince de Roswald?... dit Vandoni
en baissant la voix.

— Tu crois qu'il sera jaloux ? Pas de fatuité,
Vandoni ! il ne le sera point. Mais tu verras
qu'il n'a point entendu dire de mal de toi, ici,
et que tu as droit à ses égards et à son estime.

— A sa place, je n'aurais jamais souffert
qu'un ancien amant...

— Apparemment il vaut mieux que toi, mon
ami ! Il est plus confiant et plus généreux que
tu ne l'étais à mon égard. Viens, je veux te présenter à lui.

— C'est inutile ! dit Vandoni qui se sentait
faible et attendri, et qui ne pouvait se résoudre
à se montrer naturellement à son rival. Je me
suis déjà présenté moi-même. Il a été fort poli.
Mais tu veux donc absolument que j'entre chez
toi? C'est insensé !

Lucrezia ne lui répondit qu'en lui montrant Salvator. Il céda, moitié par tendresse, moitié par malice.

CHAPITRE X.

S'il n'est guère d'hommes qui puissent se résigner à voir face à face celui qui les remplace dans le cœur d'une maîtresse, sans désirer d'en tirer un peu de vengeance, il n'est guère de femmes non plus qui se hasardent, sans un peu de trouble, à mettre ces deux hommes en présence.

Pourtant la Floriani n'éprouva pas le secret malaise qui accompagne de pareilles rencontres. Pourquoi l'eût-elle éprouvé, lorsque, toute sa vie, elle avait joué cartes sur table avec une franchise sans bornes ? Il ne s'agissait point là de payer d'audace ou d'habileté pour ménager deux rivaux également trompés. Il y avait un amant avoué dans le présent, et un amant avoué dans le passé. Si la passion pouvait être un peu philosophe, l'amant heureux serait plein de courtoisie et de générosité pour l'amant délaissé ; mais elle ne l'est pas du tout : elle voudrait accaparer le passé comme le présent et comme l'avenir. Elle s'alarme d'un souvenir, et en cela elle raisonne fort mal ; car, en amour, rien n'est moins tentant que de retourner au passé.

rien n'est moins dangereux que la vue d'un être
qu'on a quitté volontairement et par lassitude.

Malheureusement personne ne connaissait
moins le cœur humain que le prince Karol. Le
sien était unique en son genre, et chaque fois
qu'il voulait rapporter les pensées d'autrui aux
siennes propres, il était certain qu'il devait se
tromper. Il essaya de se représenter l'émotion
qu'il éprouverait si la princesse Lucie venait à
lui apparaître, et il s'imagina que si elle se présentait, comme le spectre de Banco, à la table de
la Floriani, il tomberait foudroyé, non pas tant
de frayeur que de remords et de regret. De là, il
partit pour supposer que la Floriani ne pouvait
pas revoir Vandoni en chair et en os, sans éprouver aussi le regret violent de l'avoir brisé, et
le remord d'appartenir sous ses yeux à un
autre.

Or, il n'y avait pas de supposition plus injuste et plus absurde que celle-là. Lucrezia re-
voyait tous les petits travers, tous les innocents
ridicules de Vandoni, avec des yeux qu'elle ne
se faisait plus conscience d'ouvrir tout grands.
Elle comparait cet être, dont elle n'avait jamais
été très-enthousiasmée, avec celui qui lui causait un enthousiasme sans bornes. En réalité,
d'ailleurs, la comparaison était tellement à l'a-
vantage du prince, que, s'il eût pu lire dans
l'âme de sa maîtresse, il aurait vu clairement
que la présence de Vandoni redoublait la passion de Lucrezia pour lui-même.

Il ne sut pas comprendre le triomphe de sa
position. Son inquiétude jalouse le rendit à cet
égard trop modeste, tandis que, d'autre part,
le peu de cas qu'il croyait devoir faire de Vandoni le rendait hautain, au point qu'il se sentait

humilié de succéder à un pareil homme. Il ne sut pas cacher son dépit, son anxiété, son mortel déplaisir. Pendant que Vandoni soupait à côté de Lucrezia, il ne put tenir en place. Il sortit pour ne point le voir et l'entendre. Puis il rentra pour l'empêcher d'être entreprenant. Il ne fit qu'aller et venir, en proie à une fièvre terrible, évitant le regard tendre et rassurant de Lucrezia et dédaignant les avances de ce bon Vandoni, qui, grâce à lui, se croyait chargé du rôle de généreux.

Si c'est, comme je le crois, l'orgueil qui nous rend jaloux, il faut avouer que c'est un orgueil bien maladroit et bien inconséquent. Vandoni s'était promis d'abord d'inquiéter un peu son rival par un air de confiance et de familiarité avec Lucrezia. Mais il n'avait point réussi à se donner cet air-là. Il y avait, dans la

tranquille bonté de la Floriani, quelque chose
de si franc et de si digne, que tout l'art du comédien échouait devant cette absence d'art.
Mais le prince prit si bien à tâche d'aider, par
sa folie, à la démangeaison d'impertinence de
Vandoni, que ce dernier se trouva vengé sans
y avoir contribué le moins du monde. Il put se
réjouir de voir les angoisses qu'il causait, et,
à la fin du souper, il dit à Lucrezia, en suivant
des yeux Karol qui sortait pour la dixième fois:
« Vous vous vantiez, ma belle amie, ou plutôt
vous vantiez votre charmant prince, en me disant qu'il valait mieux que moi, qu'il n'était
point jaloux du passé, et qu'il ne souffrirait pas
en me voyant. Il souffre au contraire, il souffre
trop pour que je reste davantage. Adieu donc!
je m'en vais sur cette triste vérité qu'il n'y a
point d'amant sublime, et que les ennuis que

vous avez cru fuir en me quittant, vous les re-
trouvez avec un autre. Vous n'avez fait que
mettre un beau visage brun à la place d'un visage blond qui n'était pas mal. Le changement
est toujours un plaisir pour les femmes ! Mais
convenez, à présent, que pour être jaloux de
vous, je n'étais point un monstre, puisque voici
votre nouveau Dieu, votre idole, votre ange,
tourmenté par le même démon qui me rongeait
le cœur. »

— Vandoni, répondit Lucrezia, j'ignore si le
prince est jaloux de toi. J'espère que tu te
trompes ; mais, comme je ne veux pas que tu
m'accuses de feindre avec toi, supposons qu'il
le soit en effet : qu'en veux-tu conclure ? Que
j'ai eu tort de te quitter ? Ai-je fait ici un plaidoyer pour te prouver que j'avais eu raison ?
Non ; je crois que le tort est toujours à celui

qui veut se soustraire à la souffrance. J'ai eu ce tort; ne me l'as-tu point encore pardonné?

— Ah! qui pourrait garder du ressentiment contre toi? dit Vandoni en lui baisant la main avec une émotion sincère. Je t'aime toujours, je serais toujours prêt à te consacrer ma vie, si tu voulais revenir à moi, même en ne m'aimant pas plus que par le passé!... car je ne me fais point illusion, tu ne m'as jamais aimé que d'amitié!

— Je ne t'ai, du moins, jamais trompé à cet égard, et j'ai fait mon possible pour n'être pas trop ingrate. Peut-être avions-nous une trop ancienne amitié l'un pour l'autre, peut-être nous sentions-nous trop frères pour être amants!

— Parle pour toi, cruelle! moi...

— Toi, tu es un noble cœur, et, si tu crois
faire souffrir en effet le prince, tu vas te retirer.
Mais je ne veux pour rien au monde renoncer à
ton amitié, et je compte la retrouver plus tard,
quand les feux de la jeunesse auront fait place,
chez le prince, au calme d'une paisible affection. La mienne pour toi, Vandoni, est fondée
sur l'estime, elle est à l'épreuve du temps et de
l'absence. Il existe entre nous un lien indisso-
luble; ma tendresse pour ton fils est un garant
pour toi de celle que je te conserve.

—Mon fils! Ah! oui, parlons de mon fils, s'é-
cria Vandoni redevenu tout à fait sérieux. Eh
bien! Lucrezia, êtes-vous contente de moi?
Ai-je laissé voir à vos autres enfants que celui-
là m'appartenait? Ah! quelle étrange position
vous m'avez faite! ne jamais entendre le nom de
père sortir pour moi de la bouche de mon fils!

— Vandoni, votre fils sait à peine parler, et ne sait encore que mon nom et celui de ses frères. Je ne savais pas si nous nous reverrions jamais... Maintenant, si vous êtes calme, si vous avez pris une décision importante, parlez ! Sous quel nom et dans quelles idées dois-je l'élever ?

— Ah ! Lucrezia, vous savez ma faiblesse pour vous, mon dévouement aveugle, ma lâche soumission, devrais-je dire ! Si vous ne devez pas vous marier, que votre volonté soit faite, que mon fils porte votre nom, et qu'il me soit seulement permis de le voir et d'être son meilleur ami, après vous. Mais si vous devez devenir princesse de Roswald, j'exige que mon enfant me soit rendu. J'aime mieux lui voir partager ma vie errante et mon sort précaire que d'abandonner mon autorité et mes devoirs à un étranger.

— Mon ami, reprit Lucrezia, il y a plus d'orgueil que de tendresse dans cette résolution, et je n'emploierai qu'un seul argument pour la combattre. En supposant que je me marie demain, Salvator est encore, pour huit ou dix ans, au moins, un petit enfant, et les soins d'une femme lui sont nécessaires. A quelle femme le confierez-vous donc? Avez-vous une sœur, une mère? Non! vous ne pourrez le confier qu'à une maîtresse ou à une servante! Croyez-vous qu'il soit aussi bien soigné, aussi bien élevé, aussi heureux qu'avec moi? Dormirez-vous tranquille, quand, forcé de vous rendre à la répétition tout le jour, et à la représentation tout le soir, vous laisserez ce pauvre enfant à la merci d'une servante infidèle ou d'une marâtre haineuse?

—Non, sans doute! dit Vandoni en soupirant.

vous avez raison. De ce que vous êtes riche,
indépendante et célèbre, vous avez tous les
droits, tous les pouvoirs, même celui de chasser
le père et de garder l'enfant.

— Vandoni! tu me fais mal, répondit Lucrezia, ne parle point ainsi. Veux-tu que j'assure, dès à présent, à notre enfant, une partie
de ma fortune, dont tu auras la tutelle et la direction? Veux-tu surveiller son éducation, être
consulté sur tous les détails, régler son avenir? J'y consens avec joie, pourvu que tu le
laisses près de moi et que tu me charges d'être
le pouvoir exécutif de tes volontés. Je suis bien
sûre que nous nous entendrons sur tous les
points, dans l'intérêt d'un être qui nous est
plus cher que la vie.

— Non! non! Pas d'aumône! s'écria Vandoni; je ne suis point un lâche, et je mourrai à

l'hôpital avant d'accepter de toi un secours déguisé sous un nom, sous une forme quelconque. Garde l'enfant! garde-le tout entier. Je
sais bien qu'il ne connaîtra et n'aimera que toi!
Ce serait bien vainement qu'un jour je vien-
drais le réclamer, lui dire qu'il m'appartient,
qu'il est forcé de me suivre. Il ne se séparera
jamais volontairement d'une mère telle que toi!
Allons, le sort en est jeté, je vois que tu vas devenir princesse...

— Rien n'est décidé à cet égard, mon ami,
je te le jure, et je te jure surtout, par ce qu'il y
a de plus sacré, par ton honneur et par ton fils,
que si tu mets à mon mariage la condition
que je me séparerai de cet enfant, je ne me
marierai jamais!

— Tu es donc toujours la même, ô femme
étrange et admirable! s'écria Vandoni exalté.

Tu es donc toujours mère avant tout! Tu pré-
fères donc toujours tes enfants à la gloire, à la
richesse, à l'amour même!

— A la richesse et à la gloire, très-certaine-
ment, répondit-elle avec un sourire calme.
Quant à l'amour, dans ce moment-ci, je n'ose
te répondre; mais ce qu'il y a de certain, c'est
que je connais mon devoir, et que mon premier devoir c'est celui de tout sacrifier, même
l'amour, à ces enfants de l'amour. Le plus
épris, le plus fidèle des amants peut se consoler,
mais des enfants ne retrouvent jamais une mère.

— Eh bien! je pars tranquille, dit Vandoni
en lui serrant la main, et je n'exige plus de toi
qu'une promesse. Jure-moi de ne point épouser ce prince si charmant, mais si jaloux, avant
un an d'ici! Je ne puis me persuader qu'il soit
meilleur que moi et qu'il voie toujours d'un

œil calme ces gages de tes amours passées. Je connais ta clairvoyance, la fermeté et la promptitude de tes sacrifices quand le sort de tes enfants te semble compromis. Je sais fort bien pourquoi tu n'as pu me supporter longtemps ! c'est que j'avais beau faire, je détestais la ressemblance de ta Béatrice avec le misérable Tealdo Soavi. Eh bien ! d'ici à un an, le prince de Roswald détestera Salvator, si ce n'est déjà fait ; si aujourd'hui, peut-être, la vue de cet enfant ne lui est pas déjà insupportable. Pas d'entraînement trop subit, par de coups de tête, je t'en supplie, ma chère Lucrezia ! et tu resteras toujours libre, car je m'en rends bien compte, maintenant que je suis sage et désintéressé dans la question : la liberté absolue est le seul état qui te convienne, et la tendre mère de quatre enfants de l'amour ne doit pas confier leur sort à la vertu d'un mari, quelqu'assurée qu'elle soit.

— Je crois que tu as raison, dit Lucrezia, et j'entends avec plaisir la voix calme de mon ancien ami. Sois tranquille, frère! ta vieille camarade, ta sœur fidèle n'exposera pas, dans un moment d'enthousiasme, l'avenir des enfants qu'elle adore.

— Maintenant, adieu! dit Vandoni en la pressant sur son cœur avec une tendresse chaste et profonde. Adieu, l'être que j'aime encore le mieux sur la terre! Je ne te reverrai pas de si tôt, peut-être. Je ne chercherai pas à te revoir; je vois que je troublerais tes amours, et je t'avoue que je ne suis pas assez fort pour les voir sans souffrir. Quand tu auras un intervalle de repos et de liberté, à travers tes sublimes et folles passions, appelle-moi un instant à tes

pieds ; j'y resterai docile et soumis, heureux de
te voir et d'embrasser mon fils, jusqu'à ce que
tu me dises comme aujourd'hui : « Va-t-en,
j'aime, et ce n'est pas toi ! »

Si Vandoni était brusquement parti sur ce
noble épanchement, il eût été ce que Dieu l'a-
vait fait, un bon esprit et un bon cœur. Si, au
lieu de courir le monde d'émotions factices que
lui imposait son emploi, il eût pu demeurer
quelque temps dans cette disposition chaleu-
reuse et vraie, il eût reparu transformé sur la
scène, et le public eût peut-être été fort sur-
pris d'avoir à applaudir un excellent artiste, au
lieu de sourire patiemment aux froides et cor-
rectes déclamations d'un comédien *utile.*

Mais on n'évite point sa destinée, et le prince
Karol reparaissant tout à coup, Vandoni retrouva tout à coup son affectation. Il voulut lui

faire un discours d'adieux, dans lequel il s'efforçait d'insinuer délicatement les idées et les sentiments sous l'empire desquels il venait de se
trouver. Il échoua complétement ; il ne dit que
des choses embrouillées, sans goût, sans suite,
et, passant du grave au doux, du plaisant au sévère, il fut tour à tour emphatique et trivial,
pédant et ridicule.

Il est vrai que l'air hautain et impatient du
prince, ses réponses sèches et ses saluts ironi-
ques étaient faits pour démonter un acteur plus
habile que Vandoni. Ce dernier vit bien qu'il
manquait son effet ; et, se rejetant sur l'aplomb
maladroit du comédien sifflé, il se retourna vers
la Floriani, en lui disant d'un air un peu dé-
braillé : « Ma foi, je crois que je *patauge*, et
que je ferai bien d'en rester là, si je ne veux
m'*enfoncer* tout à fait, et te faire rougir de ton

pauvre camarade. N'importe, tu parleras à ma place quand je serai parti, et tu diras que ton ami est un bon diable, qui ne veut faire de peine à personne. » Quelle chute!

Salvator Albani, qui avait occupé ces deux heures à tâcher de distraire Karol, s'empressa, avec sa bienveillance accoutumée, de passer sur toutes ces misères l'éponge de la politesse et de l'enjouement affectueux. Il prit Vandoni sous le bras, en lui disant qu'il était charmé d'avoir fait connaissance avec lui, qu'il irait le voir dans la première ville d'Italie où ils se retrouveraient ensemble, enfin, qu'il allait lui tenir compagnie en se promenant avec lui jusqu'à Iseo, où Vandoni avait laissé son voiturin.

— Et le petit Salvator? dit Vandoni au moment de partir. Je ne le reverrai donc pas?

— Il est endormi, répondit Lucrezia. Viens lui dire bonsoir.

— Non, non! reprit-il à voix basse, mais de manière à être entendu du prince et du comte : cela m'ôterait le peu de courage que j'ai !

Il fut assez content de l'intonation de cette dernière parole et du mouvement qu'il fit en s'arrachant de la maison. C'était un petit effet, mais il était juste, et, pour tous les enfants du monde, il n'eût pas voulu ne pas sortir brusquement sur cet effet-là.

— A moins que le prince ne soit un âne, pensa-t-il, il ne pourra douter que je n'aie dans le caractère un certain héroïsme naturel, qui me rend bien supérieur aux emplois secondaires où me réduisent l'injustice du public et la jalousie des concurrents.

La faiblesse secrète du pauvre Vandoni était

de se croire né pour de plus hautes destinées, et, quand il commençait à se lier avec quelqu'un, il ne manquait pas de lui raconter toutes les intrigues de coulisses dont il se regardait comme victime. Il n'en fit point grâce au comte Albani, durant le trajet à pied qu'ils parcoururent ensemble. Salvator l'encourageant par sa complaisance et se dévouant à cet ennui capital pour laisser à Karol et à Lucrezia le loisir de s'expliquer, Vandoni lui exposa toutes les traverses de sa vie de théâtre, et ne put même résister au désir de réciter à pleine voix, sur la grève, des fragments d'Alfieri et de Goldoni, pour lui montrer de quelle manière il eût pu s'acquitter des premiers rôles.

Pendant que Salvator subissait cette épreuve, Karol, assis dans un coin du salon, gardait un silence obstiné, et la Floriani cherchait à enta-

mer une conversation qui les amènerait à de
mutuels épanchements. Elle n'avait pas encore
pénétré le fond de son âme à l'endroit de la jalousie, et, malgré les avertissements de Vandoni, elle se refusait à y croire. Comme il n'entrait
pas dans ses instincts de franchise de tourner
longtemps autour du sujet qui l'intéressait, elle
se leva, s'approcha du prince, et lui prenant la
main avec force : « Vous êtes mortellement
triste, ce soir, lui dit-elle, et j'en veux savoir la
cause. Vous tremblez! Vous êtes malade ou
vous souffrez d'un secret chagrin. Karol, votre
silence me fait mal, parlez! Je vous l'ordonne
au nom de l'amour, ou je vous le demande à
genoux, répondez-moi. Est-ce ma persistance à
refuser d'unir mon sort au vôtre qui vous af-
fecte ainsi, et ne prendrez-vous jamais votre
parti à cet égard?... Eh bien! Karol, s'il en est

ainsi, je céderai; je ne vous demande qu'une année de réflexions de votre part...

— Vous avez été très-bien conseillée par votre ami, M. Vandoni, répondit le prince, et je dois lui savoir un gré infini de son intervention. Mais vous me permettrez de ne pas me soumettre aux conditions que vous daignez me faire de sa part. Je vous demande la permission de me retirer. Je suis un peu fatigué des déclamations que j'ai entendues ce soir. Peut-être m'y habituerai-je si vos amis redeviennent assidus chez vous. Mais ce n'est pas encore fait, et j'ai la tête brisée. Quant aux persécutions que je vous ai fait subir, et dont vous devez être bien lasse vous-même, je vous supplie de les oublier, et de croire que je respecterai assez votre repos désormais pour ne plus les renouveler.

En parlant ainsi d'un ton glacial, Karol se leva, et, saluant très-profondément la Floriani, il alla s'enfermer dans sa chambre.

CHAPITRE XIII.

De toutes les colères, de toutes les vengean-
ces, la plus noire, la plus atroce, la plus poi-
gnante est celle qui reste froide et polie. Quand
vous verrez un être se maîtriser à ce point,
dites, si vous voulez, qu'il est grand et fort,
mais ne dites point qu'il est tendre et bon.

J'aime mieux la grossièreté du paysan jaloux, qui bat sa femme, que la dignité glacée du prince qui déchire sans sourciller le cœur de sa maîtresse. J'aime mieux l'enfant qui égratigne et mord, que celui qui boude en silence. Soyons emportés, violents, mal appris, disons-nous des injures, cassons les glaces et les pendules, je le veux bien : ce sera absurde, mais cela ne prouvera point que nous nous haïssons. Au lieu que si nous nous tournons le dos fort poliment en nous séparant sur une parole amère et dédaigneuse, nous sommes perdus, et tout ce que nous ferons pour nous raccommoder nous brouillera davantage.

Voilà ce que pensait la Floriani restée seule et stupéfaite. Quoique fort douce à l'habitude, elle avait eu de grands accès d'indignation dans sa vie. Elle s'était alors abandonnée à la vio

lence de son chagrin, elle avait maudit, elle
avait cassé, elle avait peut-être juré, je n'en
répondrais pas ; elle était la fille d'un pêcheur,
et d'un pays où les serments par le corps de
Bacchus et celui de la madone, par le sang de
Diane, et par celui du Christ, font à tout propos intervenir le ciel chrétien et païen dans les
agitations de la vie domestique. Mais ce qu'il y
a de certain, c'est qu'elle n'avait jamais cru re-
pousser et chasser de son cœur, d'une manière
absolue et subite, les êtres qu'elle aimait assez
pour s'irriter contre eux. Elle ne comprenait
donc absolument rien à ces colères froides et
pâles, qui ressemblent à un détachement anti-
humain, à un stoïcisme odieux, à un abandon
éternel. Elle resta plus d'un quart d'heure,
immobile, terrassée sous le coup des paroles
inouïes de son amant.

Enfin elle se leva et marcha dans le salon, se demandant si elle venait de faire un rêve affreux, et si c'était bien Karol, cet homme qui, le matin encore, pleurait d'amour à ses pieds et semblait se consumer dans une extase divine, qui venait de lui parler ce langage d'un dépit guindé, digne des ruses puériles de la comédie, mais indigne, à coup sûr, d'une affection réelle, d'une passion sentie.

Incapable de supporter longtemps une angoisse de ce genre sans la comprendre, elle monta à la chambre du prince, frappa d'abord avec précaution, puis avec autorité, et enfin, voyant qu'on ne lui répondait pas et que la porte résistait, d'une main aussi forte que celle d'une mère qui va chercher son enfant au milieu des flammes, elle fit sauter le verrou et entra.

Karol était assis sur le bord de son lit, la figure tournée et enfoncée dans les coussins en lambeaux ; ses manchettes, son mouchoir avaient été mis en pièces par ses ongles crispés et frémissants comme ceux d'un tigre ; sa figure était effrayante de pâleur, ses yeux injectés de sang. Sa beauté avait disparu comme par un prestige infernal.

La souffrance extrême tournait chez lui à une rage d'autant plus difficile à contenir, qu'il ne se connaissait pas cette faculté déplorable, et que, n'ayant jamais été contrarié, il ne savait point lutter contre lui-même.

La Floriani avait posé son flambeau près de lui. Elle avait écarté ses mains brûlantes de son visage, elle le regardait avec stupeur. Elle n'était point étonnée de voir un homme jaloux en proie à un accès de furie. Ce n'était pas un spectacle nouveau pour elle, et elle savait bien qu'on n'en meurt point. Mais voir cet être angélique réduit aux mêmes excès de violence et de faiblesse que Tealdo Soavi, ou tout autre de même trempe, c'était un tel contresens, une telle invraisemblance, qu'elle ne pouvait en croire ses yeux.

— Vous voulez m'humilier ou m'avilir jusqu'au bout! s'écria Karol en la repoussant. Vous avez voulu voir jusqu'à quel point vous pouviez me faire descendre au-dessous de moi-même! Êtes-vous contente à présent? Auquel de vos amants allez-vous me comparer?

— Voilà des paroles bien amères, répondit la Floriani avec une douceur pleine de tristesse, je ne m'en offenserai point, parce que je vois qu'en effet vous n'êtes point vous-même dans ce moment-ci. Je m'attendais à vous trouver froid et méprisant comme tout à l'heure, et je venais, au nom de l'amour et de la vérité, vous demander compte de vos dédains; je suis consternée de vous trouver exaspéré comme vous l'êtes, et je ne crois pas que le triomphe que vous m'attribuez soit bien doux pour mon orgueil. Quel langage entre nous, Karol ! ô mon Dieu, que s'est-il donc passé, pour que vous doutiez de la douleur effroyable que j'éprouve à vous voir souffrir ainsi? mais, sans doute, si j'en suis la cause involontaire, je dois avoir en moi la puissance de la faire cesser. Dites-m'en le moyen, et s'il faut ma vie, ma raison, ma dignité, ma conscience, je les mettrai à vos pieds pour vous guérir et vous calmer. Parlez-moi, expliquez-vous, faites que je vous comprenne, voilà tout ce que je vous demande. Rester dans le doute et vous laisser subir ces tourments sans chercher à les adoucir, voilà ce qui m'est impossible, ce que vous n'obtiendrez jamais de moi. Ouvrez-moi donc ce cœur meurtri et malade, et si, pour m'y faire lire, il faut que vous m'accabliez de reproches et d'outrages, ne vous retenez pas, j'aime mieux cela que le silence, je ne m'offenserai de rien, je me justifierai avec douceur, avec soumission. Je vous demanderai pardon même, s'il le faut, quoique j'ignore absolument mes torts. Mais il faut qu'ils soient bien graves pour vous faire tant de mal. Répondez-moi, je vous le demande à genoux. »

Pour montrer tant de patience et de résignation, il fallait que la Floriani fût vaincue et terrassée par un amour immense, et tel qu'elle-même n'eût jamais cru pouvoir le ressentir après tant d'orages du même genre, après de si nombreuses déceptions, tant de fatigues de

cœur et d'esprit, tant de dégoûts et de déboires.
N'ayant jamais menti, s'étant dévouée et sacrifiée
toujours, mais jamais avilie, ni même aventurée
pour un intérêt personnel quelconque, elle
avait une fierté ombrageuse, un orgueil réel;
descendre à se justifier lui avait toujours paru
au-dessus de ses forces, et le soupçon lui était
une mortelle injure.

Pourtant elle s'humilia longtemps avec une
mansuétude infinie devant ce malheureux enfant, qui ne voulait point parler parce qu'il ne
le pouvait pas.

Qu'eût-il pu dire, en effet? Le désordre où
sa raison était tombée était trop douloureux
pour être volontaire. Suivre le conseil de Lucrezia, l'injurier, lui faire de sanglants reproches, l'eût soulagé sans doute; mais il n'avait
pas la faculté de répandre ses tourments au de-

hors, parce qu'il n'avait pas l'égoïsme de vouloir les faire partager. Et puis, injurier sa maîtresse ! il eût préféré la tuer ; il se fût tué avec elle, emportant sa passion dans la tombe. Mais l'outrager en paroles, il lui semblait que s'il eût pu s'y résoudre, il l'aurait condamnée devant Dieu et que Dieu les eût séparés dans l'éternité. Pour en venir là, il eût fallu ne plus l'aimer, et plus il souffrait par elle, plus il se sentait l'esclave de la passion.

Elle ne put que deviner ce qui se passait en lui, car il ne se révéla que par des réponses détournées et des réticences douloureuses. Il se défendait faiblement en apparence, mais, au fond, sa retenue était invincible, et le nom de Vandoni ne pouvait venir sur ses lèvres.

— Voyons, lui dit la Floriani, lorsqu'elle fut au bout de sa patience et qu'elle eut épuisé toutes les forces de son amour à lui arracher quelques paroles vagues, d'une profondeur ou d'une obscurité effrayantes : « Voyons, mon pauvre ange, vous êtes jaloux et vous n'en voulez pas convenir? Vous, jaloux ! Ah ! qu'il m'est amer de le constater, moi, que vous avez habituée à planer, sur les ailes d'un amour sublime, au-dessus de toutes les misères humaines ! Que vons me faites de mal, et que j'étais loin de croire cela possible de votre part ! Ah ! laissez-moi ne vous répondre que par des reproches douloureux et francs. Vous ne voulez pas m'en faire; je le préférerais parce que je pourrais me disculper, au lieu que je suis réduite à chercher de quoi j'ai à me défendre. Mais avant de vous parler *raison*, puisqu'il le faut, laissez-moi me plaindre, laissez-moi pleurer ! C'est le dernier cri de l'amour heureux qui s'exale vers

le ciel d'où il était descendu, et où il va retourner maintenant pour toujours ! Laissez-moi
vous dire que vous avez commis aujourd'hui
un grand crime contre moi, contre vous-même
et contre Dieu, qui avait béni notre confiance
infinie l'un pour l'autre. Hélas ! vous avez
souillé par le soupçon la passion la plus pure,
la plus complète, la plus délicieuse de ma vie.
Je n'avais jamais aimé, je n'avais jamais été
heureuse ; pourquoi m'arrachez-vous sitôt ma
joie, mes délices ? Vous m'avez entraînée dans
le ciel, et vous me rejetez brutalement sur la
terre ! Mon Dieu, mon Dieu ! je ne le méritais
pas, je nageais avec toi dans l'empyrée. Je
croyais à l'éternité de cette béatitude. Tout ce
qui est de ce monde ne me paraissait plus que
rêves et fantômes ; excepté mes enfants, que
j'emportais dans mes bras vers ce monde supé-

rieur, je n'avais plus souci de rien... Et à présent, il faut descendre, il faut marcher sur les
sentiers humains, se déchirer aux épines, se
froisser contre les rochers... Allons, vous l'avez
voulu. Parlons donc de ces choses-là, de Vandoni,
de mon passé, et de ce que l'avenir peut me ré-
server de devoirs, d'embarras et d'ennuis. J'es-
pérais les traverser seule, vous laissant calme
et indifférent à ces misères, étrangères à notre
passion. Le fardeau du travail et des devoirs
d'ici-bas m'eût été léger si j'avais pu vous préserver d'y toucher. Vous ne vous en seriez
pas seulement aperçu, si vous étiez resté vous-
même, et si vous aviez conservé la suprême
confiance qui nous faisait si forts et si purs !...
Vous l'avez perdue, vous m'avez retiré le talisman
qui m'eût rendue invulnérable à la douleur et à
l'inquiétude. Je vais maintenant vous dire quel-

les obligations pèsent sur ma vie réelle, quels ménagements je dois garder, quels devoirs ma conscience me trace. Mais, pour les comprendre, il faut vous donner la peine de raisonner un peu, de connaître mon passé, de le juger, et d'en tirer une conclusion sérieuse, une fois pour toutes !... Vandoni...

—Ah! s'écria Karol, tremblant comme un enfant, ne prononcez plus ce nom, et faites-moi grâce de tout ce que vous voulez me dire. Je n'ai pas encore, je n'aurai peut-être jamais la force de l'entendre. Je hais ce Vandoni, je hais tout ce qui dans votre vie n'est pas vous-même. Que vous importe ! Il n'entre pas dans vos devoirs de me réconcilier avec ce qui me froisse et me révolte autour de vous. Laissez-moi, puisque cela m'est possible et n'est possible qu'à moi, voir en vous, deux êtres distincts. L'un que je n'ai pas connu

et que je ne veux pas connaître; l'autre que
je connais, que je possède, et que je ne veux
pas voir mêlé aux choses que je déteste. Oui,
oui, Lucrezia, tu l'as dit, ce serait descendre
et retomber dans la fange des sentiers humains.
Viens sur mon cœur, oublions les atroces souffrances de cette journée et retournons à Dieu.
Que t'importe ce qui s'est passé en moi? Cela
me regarde, et j'ai la force de le subir, puisque
j'ai celle de t'aimer autant que si rien ne m'a-
vait troublé! Non, non, pas d'explications, pas
de récits, pas de confidences, pas de raisonnements. Prends-moi dans tes bras, et emporte-moi
loin de ce monde maudit où je ne vois pas clair,
où je ne respire pas, où je suis condamné à ramper plus bas que les autres hommes, si j'y retombe
sans ton amour et sans mon enthousiasme. »

La Floriani se contenta de cette fausse réparation, ou, de guerre lasse, elle feignit de s'en contenter; mais, en cela, elle eut grand tort, et se précipita d'elle-même dans un abîme de chagrins. Karol, s'habitua, dès ce jour, à croire que la jalousie n'est point une insulte et qu'une femme aimée, peut et doit la pardonner toujours.

Elle retrouva, au salon, vers minuit, Salvator qui venait de reconduire Vandoni et qui eut la délicatesse de ne pas lui dire combien il avait trouvé ce brave garçon ridicule et ennuyeux. Elle n'eut pas le courage de lui confier à quel point le prince avait été irrité de la présence de son ancien amant; mais elle ne put s'empêcher d'admirer combien l'amitié est plus indulgente, secourable et généreuse que l'amour. Car elle ne se dissimulait plus les travers de Vandoni, et elle voyait bien que Salvator s'était dévoué pour l'en débarrasser.

Lucrezia se retira auprès de ses enfants, résolue à oublier les chagrins de cette journée et à dormir, pour s'éveiller, comme une mère vigilante et active, au point du jour. Mais quoiqu'elle eût acquis plus que personne, dans sa vie de douleurs, la faculté de laisser reposer ses chagrins et de dormir avec, comme un pauvre soldat en campagne dort au bivouac avec sa faim et ses blessures, elle ne put fermer l'œil de la nuit, et tous les souvenirs amers qui s'étaient assoupis dans son sein, depuis quelque temps, s'y ranimèrent un à un, puis tous ensemble, pour la torturer sans relâche. Elle vit, comme autant de spectres railleurs et menaçants, ses erreurs et ses déceptions, les ingrats qu'elle avait faits et les méchants qu'elle n'avait pas pu convertir. Elle lutta vainement contre l'épouvante du passé, en se réfugiant dans

le présent. Le présent ne lui offrait plus de sé-
curité, et les anciennes douleurs ne se rani-
maient ainsi que parce qu'une douleur nouvelle, plus profonde que toutes les autres,
venait leur donner carrière.

Quand elle se leva, pâle et brisée, le soleil
brillant du matin, les fleurs chargées d'humides
parfums, les rossignols enivrés de leurs propres
chants, ne ramenèrent pas, comme les autres
jours, le calme et l'espérance dans son cœur.
Elle ne se sentit pas vivre par le sens poétique de
la nature, comme à l'ordinaire. Il lui semblait
qu'entre cette fraîche et riante nature et son
pauvre sein brisé, il y avait désormais un ennemi secret, un ver rongeur, qui empêchait la
sève de la vie de venir jusqu'à lui. Elle ne voulut
pourtant pas se rendre compte de l'étendue de
son désastre. Karol fut courbé à ses pieds ce

jour-là. Il ne voulait pas faire oublier ses torts,
Il ne les connaissait pas, puisque, selon sa coutume, il les avait déjà oubliés lui-même : mais
il avait besoin de tendresse, d'effusion et de
bonheur, après plusieurs jours passés dans les
larmes ou la colère. Jamais il n'était plus sédui-
sant et plus adorable que quand le paroxysme
de son amertume et de son dépit l'avait débar-
rassé de sa souffrance. La Floriani eut encore
à lutter contre son projet de mariage, mais,
cette fois elle résista courageusement. Ce qui
s'était passé la veille l'avait éclairée, et elle n'é-
tait pas d'humeur à se laisser dire deux fois
qu'on *la suppliait* de n'y plus songer. Si l'offre
de son nom était, de la part du prince, un grand
hommage rendu à l'amour qu'elle méritait, le
fait de retirer poliment ses offres, dans un moment de soupçon jaloux, était un outrage dont

la fière Lucrezia sentait la portée plus que lui-même. Sans lui dire quelle force nouvelle elle avait puisée contre lui dans cette circonstance, elle lui ôta tout espoir, et, cette fois, il accepta son arrêt provisoirement, sans amertume, en avouant qu'il méritait le châtiment d'être soumis à quelque longue épreuve.

Mais deux jours ne se passèrent point sans ramener de nouveaux orages. Un commis-voyageur réussit à pénétrer dans la maison pour proposer des armes de chasse. Célio eut envie d'un nouveau fusil, sa mère le lui refusa d'abord; puis, voulant lui en faire la surprise, elle eut un *a-parte* avec le voyageur pour marchander et acheter l'objet de cette convoitise enfantine. Le jeune homme était d'une belle figure, un peu familier et bavard. La beauté et la célébrité de sa nouvelle cliente le rendaient plus *éloquent* que de coutume, sans toutefois lui faire perdre la tête et l'empêcher de bien vendre sa marchandise. C'était la veille de l'anniversaire de Célio, et sa mère voulut mettre le joli et léger fusil de chasse sous le traversin de l'enfant, pour qu'il le trouvât le soir au moment de se coucher. Le commis-voyageur s'empressa de la suivre dans sa chambre, sans trop lui en demander la permission, pour cacher lui-même le fusil sous le chevet de Célio et recevoir le payement convenu. Karol, qui avait été faire la sieste, entra en cet instant, et trouva la Floriani dans sa chambre, en tête-à-tête avec un beau garçon à gros favoris noirs, qui lui parlait d'un air animé, la regardait avec des yeux hardis, et arrangeait la couverture d'un lit, tandis qu'elle souriait avec bonhomie des hâbleries qu'il débitait, et qu'elle songeait à l'ivresse de Célio lorsque la surprise ferait son effet.

Il n'en fallait pas tant pour que l'imagination de Karol, prompte à l'insulte, et s'emparant toujours du fait apparent sans le comprendre et sans l'expliquer , prit un essor funeste. Il laissa échapper une exclamation bizarre, outrageante, sur le seuil de la chambre de Lucrezia, et s'enfuit comme un homme qui vient d'être témoin de son déshonneur. Il lui fallut tout le reste du jour pour se calmer et ouvrir les yeux. Il fallut que la Floriani descendît à une explication avilissante pour elle et pour lui. Elle le traita, cette fois, comme un malade qu'il faut persuader et guérir, sans prendre ses hallucinations au sérieux. Mais que devient l'enthousiasme, que devient l'amour, quand celui qui en est l'objet se conduit comme un maniaque ?

Un autre jour on vint dire à la Floriani que Mangiafoco, le pêcheur qui l'avait recherchée autrefois en mariage, et qui lui avait causé tant de frayeur et d'éloignement, était à l'article de la mort, et demandait à la voir avant de rendre l'âme. Cet homme n'avait jamais osé se présenter devant elle depuis qu'elle était revenue dans le pays, et ce n'était pas sans répugnance qu'elle consentait à lui fermer les yeux. Mais c'était un devoir de religieuse miséricorde à remplir, et elle partit sans hésiter, pour l'autre rive du lac, avec son père et Biffi. Elle trouva un moribond qui lui demandait pardon des peines et des peurs qu'il lui avait faites jadis, et qui la suppliait de prier pour le repos de son âme. Elle le consola avec bonté, et sa compassion généreuse adoucit les dernières convulsions d'agonie de cet homme, ancien

soldat, espèce de bandit déjà vieux, méchant,
brutal, avare, et cependant doué d'une certaine
intelligence et de quelques instincts patrioti-
ques et romanesques.

La Floriani revint assez émue, après avoir vu
s'exhaler péniblement son dernier soupir. Elle
raconta simplement à Salvator, devant Karol,
ce qui s'était passé, et les paroles tantôt absurdes, tantôt profondes, que cet homme lui avait
dites en se débattant contre la mort. Salvator
trouva que, dans ce dévouement nouveau, sa
chère Floriani avait été admirable comme toujours ; mais Karol garda le silence. Il avait été
inquiet de cette sortie soudaine, de cette absence qui avait duré depuis le coucher du soleil
jusqu'à minuit. Il ne concevait pas que l'on
pût porter tant d'intérêt à un misérable qui l'a-
vait si peu mérité. Et comment avait-il eu l'au-

dace d'appeler à son lit de mort une femme à laquelle il s'était rendu si haïssable ? Il fallait qu'il eût de la confiance dans sa bonté et dans sa faculté d'oublier les outrages !

Ces réflexions furent faites d'un ton assez singulier. Lucrezia, qui n'était pas encore sur le *qui vive* de la jalousie à tout propos, et qui ne s'était pas encore doutée que sa bonne action eût paru criminelle au prince, le regarda avec surprise et vit qu'il était en colère. Il avait les yeux rouges, il faisait claquer les articulations de ses doigts ; c'était une sorte de tic nerveux qui trahissait son dépit et qu'elle commençait à comprendre.

Elle ne put se défendre de hausser les épaules.

Karol ne s'en aperçut point et continua :

— Quel âge avait ce *Mangiafoco?*

— Soixante ans, au moins, répondit-elle d'un ton froid et sévère.

— Et, sans doute, reprit Karol au bout d'un instant, il avait une bien belle figure, une barbe effrayante, des guenilles pittoresques? c'était un bandit de théâtre ou de roman qu'on ne pouvait regarder sans frémir? L'imagination des femmes se plaît à ces dehors-là, et on est toujours flatté d'avoir enchaîné un animal sauvage. Sans doute, en expirant, il avait l'air du tigre blessé qui jette sur la colombe un dernier regard de convoitise et de regret?

— Karol, dit la Floriani en soupirant, un homme qui se meurt est donc chose fort agréable à peindre? Vous devriez aller voir celui-là maintenant qu'il est mort; cela ferait tomber toute de suite votre ironie, et couperait court à vos métaphores poétiques. Mais vous n'irez pas, vous qui parlez si bien, vous n'en aurez pas le courage; sa chaumière est malpropre.

— Comme elle est susceptible, ce soir ! pensa Karol. Qui sait ce qui s'est passé autrefois entre elle et ce misérable ? »

CHAPITRE XIV,

Un autre jour, Karol fut jaloux du curé qui venait faire une quête. Un autre jour, il fut jaloux d'un mendiant qu'il prit pour un galant déguisé. Un autre jour, il fut jaloux d'un domestique qui, étant fort gâté, comme tous les serviteurs de la maison, répondit avec

une hardiesse qui ne lui sembla pas naturelle.
Et puis, ce fut un colporteur, et puis le médecin;
et puis un grand benêt de cousin, demi-bour-
geois, demi-manant, qui vint apporter du gi-
bier à la Lucrezia, et que, bien naturellement,
elle traita en bonne parente, au lieu de l'envoyer à l'office. Les choses en arrivèrent à ce
point qu'il n'était plus permis de remarquer la
figure d'un passant, l'adresse d'un braconnier,
l'encolure d'un cheval. Karol était même jaloux
des enfants. Que dis-je, *même* ? il faudrait dire
surtout.

C'était bien là, en effet, les seuls rivaux qu'il
eût, les seuls êtres auxquels la Floriani pensât
autant qu'à lui. Il ne se rendit pas compte du
sentiment qu'il éprouvait en les voyant dévorer
leur mère, de caresses. Mais comme, après l'i-
magination d'un bigot, il n'y en a pas de plus

impertinente que celle d'un jaloux, il prit bientôt les enfants en grippe, pour ne pas dire en exécration. Il remarqua enfin qu'ils étaient gâtés, bruyants, entiers, fantasques, et il s'imagina que tous les enfants n'étaient pas de même. Il s'ennuya de les voir presque toujours entre leur mère et lui. Il trouva qu'elle leur cédait trop, qu'elle se faisait leur esclave. En d'autres moments aussi, il se scandalisa quand elle les mettait en pénitence. Ce système de gouvernement maternel, si simple, si bien indiqué par la nature, qui consiste à adorer d'abord les enfants, à s'en occuper sans cesse, à leur accorder tout ce qui peut les rendre heureux et aimables, sauf à les moriginer et les arrêter ensuite quand ils en abusent, à les gronder parfois avec énergie et chaleur pour les récompenser tendrement quand ils le méritent, tout cela se trouva l'opposé de sa manière de voir. Selon lui, il ne fallait pas tant se familiariser avec eux, afin d'avoir moins de peine à se faire craindre, au besoin. Il ne fallait pas les tutoyer et les caresser, mais les tenir à distance, en faire, de bonne heure de petits hommes et de petites femmes bien sages, bien polis, bien soumis, bien tranquilles. Il fallait leur enseigner prématurément beaucoup de choses qu'ils ne pouvaient croire ni comprendre, afin de les habituer à respecter la règle établie, l'usage, la croyance générale, sans s'occuper d'abord d'une chose qu'il regardait comme impossible, c'est-à-dire de les convaincre de l'utilité et de l'excellence du principe dont ces usages et ces règles ne sont que la conséquence. Enfin, il fallait oublier qu'ils étaient des enfants, leur ôter le charme, le plaisir et la liberté de cette première existence

qui leur revient de droit divin, faire travailler
leur mémoire pour éteindre leur imagination;
développer l'habitude de la forme et retarder
l'explication du fond : faire, en un mot, tout
l'opposé de ce que faisait et voulait faire la Floriani.

Il faut se hâter de dire que cette manie de
contrecarrer, et ce blâme fatigant, n'étaient pas
continuels et absolus chez le prince. Quand sa
jalousie ne l'obsédait point, c'est-à-dire dans ses
moments lucides, il disait et pensait tout le contraire. Il adorait les enfants, il les admirait en
toutes choses, même là où il n'y avait rien à
admirer. Il les gâtait plus que la Floriani, et se
faisait leur esclave, sans s'apercevoir le moins
du monde de son inconséquence. C'est qu'alors
il était heureux et se montrait sous le côté angélique et idéal de sa nature. Les accès d'i-

vresse que lui donnait l'amour de la Floriani
étaient le thermomètre qui marquait l'apogée
de sa douceur, de sa bonté et de sa tendresse.
Ah! quel séraphin, quel archange il eût été,
s'il avait pu rester toujours ainsi! Dans ces
moments-là, qui duraient parfois des heures,
des jours entiers, il était tout bienveillance,
tout charité, tout miséricorde, tout dévouement pour tous les êtres qui l'approchaient. Il
se détournait du chemin pour ne pas écraser un
insecte, il se serait jeté dans le lac pour sauver
le chien de la maison. Il eût fait le chien lui-
même pour entendre les éclats de rire du petit
Salvator; il se fût fait lièvre ou perdrix pour
donner à Célio le plaisir de tirer un coup de
fusil. Sa tendresse et son effusion allaient jusqu'à l'excès, jusqu'à l'absurde. C'était alors un
de ces enthousiastes sublimes qu'il faut enfer-

mer comme des fous ou adorer comme des
dieux.

Mais aussi quelle chute, quel cataclysme épouvantable dans tout son être quand, à l'accès de
joie et de tendresse, succédait l'accès de douleur, de soupçon et de dépit ! Alors, tout changeait de face dans la nature. Le soleil d'Iseo
était armé de flèches empoisonnées, la vapeur
du lac était pestilentielle, la divine Lucrezia
était une Pasiphaé, les enfants de petits monstres; Célio devait périr sur l'échafaud, Laërtes
était enragé, Salvator Albani était le traître
Yago, et le vieux Menapace le juif Shylock. Des
nuages noirs s'amoncelaient à l'horizon, tout
pleins de Vandoni, de Boccaferri, de Mangiafoco, de rivaux déguisés en mendiants, en commis-voyageurs, en curés, en laquais, en colporteurs et en moines; ces nuées allaient s'ouvrir

et faire pleuvoir sur la Villa une armée d'anciens amis, d'anciens amants (ce qui était pour lui la même race de vipères)! et la Floriani, souillée de hideux embrassements, l'appelait avec un rire infernal pour assister à cette orgie fantastique!

Ne croyez pas que son imagination, privée de frein, et sans cesse excitée par une disposition naturelle et par une passion insensée, restât au-dessous de ce tableau. Il me serait impossible de la suivre et de vous la faire suivre dans les tourbillons délirants qu'elle parcourait. Jamais le Dante n'a rêvé de supplices semblables à ceux que se créait cet infortuné. Ils étaient sérieux à force d'être absurdes, et il n'est point d'apparition grotesque qui ne fasse peur aux enfants, aux malades et aux jaloux.

Mais comme il était souverainement poli et

réservé, jamais personne ne pouvait seulement soupçonner ce qui se passait en lui. Plus il était exaspéré, plus il se montrait froid, et l'on ne pouvait juger du degré de sa fureur qu'à celui de sa courtoisie glacée. C'est alors qu'il était véritablement insupportable, parce qu'il voulait raisonner et soumettre la vie réelle, à laquelle il n'avait jamais rien compris, à des principes qu'il ne pouvait définir. Alors il trouvait de l'esprit, un esprit faux et brillant pour torturer ceux qu'il aimait. Il était persifleur, guindé, précieux, dégoûté de tout. Il avait l'air de mordre tout doucement pour s'amuser, et la blessure qu'il faisait pénétrait jusqu'aux entrailles. Ou bien s'il n'avait pas le courage de contredire et de railler, il se renfermait dans un silence dédaigneux, dans une bouderie nâvrante. Tout lui paraissait étranger et indifférent. Il se mettait à part de toutes choses, de toutes gens, de toute opinion et de toute idée. Il ne *comprenait pas cela*. Quand il avait fait cette réponse aux caressantes investigations d'une causerie qui s'efforçait en vain de le distraire, on pouvait être certain qu'il méprisait profondément tout ce qu'on avait dit et tout ce qu'on pourrait dire.

La Floriani craignait que sa famille, et le comte Albani lui-même, ne vinssent à pressentir cette jalousie qu'elle devinait enfin, et dont elle se sentait humiliée mortellement. Elle en cachait donc avec soin les causes misérables et s'efforçait d'en adoucir les déplorables effets. Après s'être beaucoup inquiétée d'abord pour la santé et pour la vie du prince, elle put constater qu'il ne se portait jamais mieux que quand il s'était livré à des agitations et à des colères intérieures, qui eussent tué tout autre que lui. Il est des organisations qui ne puisent leur force que dans la souffrance, et qui semblent se renouveler en se consumant, comme le phénix. Elle cessa donc de s'alarmer, mais elle commença à souffrir étrangement d'une intimité à laquelle l'enfer des poètes peut seul être comparé. Elle était devenue entre les mains de ce terrible amant, la pierre que Sisyphe roule sans cesse au sommet de la montagne et laisse choir au fond d'un abîme; malheureuse pierre, qui ne se brise jamais!

Elle essaya de tout, de la douceur, de l'emportement, des prières, du silence, des reproches. Tout échoua. Si elle était calme et gaie en apparence, pour empêcher les autres de voir clair dans son malheur, le prince, ne comprenant rien à cette force de volonté qui n'était pas

en lui, s'irritait de la trouver vaillante et généreuse. Il haïssait alors en elle, ce qu'il appelait,
dans sa pensée, un fonds d'insouciance bohé-
mienne, une certaine dureté d'organisation po-
pulaire. Loin de s'alarmer du mal qu'il lui faisait, il se disait qu'elle ne sentait rien, qu'elle
avait, par bonté, certains moments de sollicitude,
mais qu'en général rien ne pouvait entamer
une nature si résistante, si robuste, et si facile
à distraire et à consoler. On eût dit qu'alors il
était jaloux même de la santé, si forte en apparence, de sa maîtresse, et qu'il reprochait à Dieu
le calme dont il l'avait douée. Si elle respirait
une fleur, si elle ramassait un caillou, si elle
prenait un papillon pour la collection de
Célio, si elle apprenait une fable à Béatrice,
si elle caressait le chien, si elle cueillait
un fruit pour le petit Salvator : « Quelle

nature étonnante !... se disait-il, tout lui plaît,
tout l'amuse, tout l'enivre. Elle trouve de la
beauté, du parfum, de la grâce, de l'utilité, du
plaisir dans les moindres détails de la création.
Elle admire tout, elle aime tout ! — Donc elle ne
m'aime pas, moi, qui ne vois, qui n'admire, qui
ne chéris, qui ne comprends qu'elle au monde !
Un abîme nous sépare ! »

C'était vrai, au fond : une nature riche par
exubérance et une nature riche par exclusiveté,
ne peuvent se fondre l'une dans l'autre. L'une
des deux doit dévorer l'autre et n'en laisser que
des cendres. C'est ce qui arriva.

Si, par hasard, la Floriani, accablée de fatigue et de chagrin, ne parvenait point à cacher
ce qu'elle souffrait, Karol, rendu tout à coup
à sa tendresse pour elle, oubliait sa mauvaise
humeur et s'inquiétait avec excès. Il la servait

à genoux, il l'adorait dans ces moments-là, plus encore qu'il ne l'avait adorée dans leur lune de miel. Que ne pouvait-elle dissimuler, ou manquer tout à fait de force et de courage! si elle se fût montrée constamment à lui, abattue et languissante, ou si elle eût pu affecter longtemps un air sombre et mécontent, elle l'eût guéri peut-être de sa personnalité maladive. Il se fût oublié pour elle; car ce féroce égoïste était le plus dévoué, le plus tendre des amis, lorsqu'il voyait souffrir. Mais comme il souffrait alors lui-même d'une douleur réelle et fondée, la généreuse Floriani rougissait d'avoir cédé à un moment de défaillance. Elle se hâtait de secouer sa langueur et de paraître tranquille et ferme. Quant à feindre le ressentiment, elle en était incapable ; rarement elle se sentait irritée contre lui; mais lorsqu'elle l'était, elle ne se contenait point et le gourmandait avec violence. Jamais elle n'avait rien fardé, ni rien dissimulé, et comme, le plus souvent, elle n'éprouvait que chagrin et compassion en subissant l'injustice d'autrui, le plus souvent aussi elle souffrait sans être en colère, et surtout sans bouder. Elle méprisait ces ruses féminines, et elle avait grand tort, dans son intérêt, de les mépriser : on le lui fit bien voir ! Il est dans la nature humaine d'abuser et d'offenser toujours, quand on est sûr d'être toujours pardonné, sans même avoir la peine de demander pardon.

Salvator Albani avait toujours connu son ami inégal et fantasque, exigeant à l'excès, ou désintéressé à l'excès. Mais, les bons moments, jadis, avaient été les plus habituels, les plus durables ; et, chaque jour, au contraire, depuis qu'il était revenu à la villa Floriani, Salvator voyait le prince perdre ses heures de sérénité, et tomber dans une habitude de maussaderie étrange; son caractère s'aigrissait sensiblement. D'abord ce fut une heure mauvaise par semaine, puis une mauvaise heure par jour. Peu à peu, ce ne fut plus qu'une bonne heure par jour, et enfin une bonne heure par semaine. Quelque tolérant et d'humeur facile que fût le comte, il en vint à trouver cette manière d'être intolérable. Il en fit la remarque d'abord à son ami, puis à Lucrezia, puis à tous deux ensemble, et enfin il sentit que son caractère à lui-même allait s'aigrir et se transformer, s'il persistait à vivre auprès d'eux.

Il prit la résolution de s'en aller tout à fait. La Floriani fut épouvantée de l'idée de rester en tête-à-tête avec cet amant que, deux mois auparavant, elle eût voulu enlever et mener au bout du monde pour vivre avec lui dans le désert. Salvator, par sa gaîté douce, par sa manière enjouée et philosophique d'envisager toutes les misères domestiques, lui était d'un immense secours. Sa présence contenait encore le prince et le forçait à s'observer, du moins devant les enfants. Qu'allait-elle devenir? qu'allait devenir surtout Karol, quand leur aimable compagnon ne serait plus entre eux, pour les préserver l'un de l'autre?

Comme elle le retenait avec instances, son effroi et sa douleur se trahirent; son secret lui échappa, ses larmes firent irruption. Albani consterné vit qu'elle était profondément malheureuse, et que s'il ne réussissait à emmener Karol, du moins pour quelque temps, elle et lui étaient perdus.

Cette fois, il n'hésita plus. Il n'eut pour son ami ni pitié, ni faiblesse. Il ne ménagea aucune de ses susceptibilités. Il affronta sa colère et son désespoir. Il ne lui cacha point qu'il travaillerait de toutes ses forces à détacher la Floriani de lui, s'il ne s'exécutait pas de lui-même en s'éloignant d'elle. — Que ce soit pour six mois ou pour toujours, peu m'importe, lui dit-il, en finissant sa rude exhortation; je ne peux prévoir l'avenir. J'ignore si tu oublieras la Floriani, ce qui serait fort heureux pour toi, ou si elle te sera infidèle, ce qui serait fort sage de sa part; mais je sais qu'elle est brisée, malade, désespérée, et qu'elle a besoin de repos. C'est la mère de quatre enfants; son devoir est de se conserver pour eux, et de se délivrer d'une souffrance intolérable. Nous allons partir ensemble, ou nous battre ensemble; car je vois bien que plus je t'avertis, plus tu fermes les yeux; plus je veux t'entraîner, plus tu te cramponnes à cette pauvre femme. Par la persuasion ou par la force, je t'emmènerai, Karol! J'en ai fait le serment sur la tête de Célio et de ses frères. C'est moi qui t'ai amené ici, c'est moi qui t'y ai fait rester. Je t'ai perdu en croyant te sauver; mais il y a encore du remède, et maintenant que je vois clair, je te sauverai malgré toi. Nous partons cette nuit, entends-tu? Les chevaux sont à la porte. »

Karol était pâle comme la mort. Il eut grand' peine à desserrer ses dents contractées. Enfin il laissa échapper cette réponse laconique et décisive :

— Fort bien, vous me conduirez jusqu'à Venise, et vous m'y laisserez pour revenir ici toucher le prix de votre exploit. Cela était

arrangé entre vous deux. Il y a longtemps que
j'attendais ce dénoûment.

— Karol! s'écria Salvator, transporté de la
première fureur sérieuse qu'il eût éprouvée de
sa vie, tu es bien heureux d'être faible; car si tu
étais un homme, je te briserais sous mon poing.
Mais je veux te dire que cette pensée est d'un
être méchant, cette parole, d'un être lâche et
ingrat. Tu me fais horreur, et j'abjure ici toute
l'amitié que j'ai eue pour toi pendant si longtemps. Adieu, je te fuis, je ne veux jamais te
revoir, je deviendrais lâche et méchant aussi
avec toi.

— Bien, bien! reprit le prince, arrivé au
comble de la colère, et par conséquent de la
sécheresse amère et dédaigneuse. Continuez,
outragez-moi, frappez-moi, battons-nous, afin
je meure que ou que je parte; c'est là le plan, je

le sais. Elle sera bien douce, la nuit de plaisir qui récompensera votre conduite chevaleresque!

Salvator était au moment de s'élancer sur Karol. Il prit une chaise à deux mains, incertain de ce qu'il allait faire. Il se sentait devenir fou, il tremblait comme une femme nerveuse, et pourtant il aurait eu la force en ce moment de faire écrouler la maison sur sa tête.

Il y eut un moment de silence affreux, pendant lequel on entendit monter, dans l'air calme du soir, une petite voix douce qui disait : « Écoute, maman, je sais ma leçon de français, et je vais te la dire avant de m'endormir :

> Deux coqs vivaient en paix, une poule survint.
> Et voilà la guerre allumée!
> Amour, tu perdis Troye !

La fenêtre d'en bas se ferma, et la voix de

Stella se perdit. Salvator éclata d'un rire amer, brisa sa chaise en la remettant sur ses pieds, et sortit impétueusement de la chambre de Karol, en poussant la porte avec fracas.

— Lucrezia, dit-il à la Floriani en allant frapper chez elle, laisse un peu tes enfants, appelle la bonne, je veux te parler tout de suite.

Il l'emmena au fond du parc : « Écoute, lui dit-il, Karol est un misérable ou un malheureux, le plus lâche ou le plus fou de tes amants, le plus dangereux, à coup sûr, celui qui te tuera à coups d'épingles si tu ne le quittes sur l'heure. Il est jaloux de tout, il est jaloux de son ombre, c'est une maladie ; mais il est jaloux de moi, et cela, c'est une infamie ! Jamais il ne se résoudra à te quitter ; il ne veut pas partir, il ne partira pas. C'est à toi de fuir de ta propre maison.

Il n'y a pas un moment à perdre, saute dans une barque, gagne la prochaine poste, va-t-en à Rome, à Milan, au bout du monde ; ou tiens toi cachée, bien cachée dans quelque chaumière... Je déraisonne peut-être, je n'ai pas ma tête tant je suis indigné ; mais il faut trouver un moyen .... Tiens ! en voici un, pénible, mais certain. Fuyons ensemble. Nous n'irions qu'à deux lieues d'ici, nous n'y resterions que deux heures, c'est assez ! Il croira qu'il a deviné juste, que je suis ton amant ; il est trop fier pour hésiter alors à prendre son parti, et tu en seras à jamais délivrée.

—Tu es fou toi-même, mon pauvre ami ! répondit la Lucrezia, ou tu veux qu'il le devienne. Mais moi, je souffre assez d'être soupçonnée, je ne me résoudrai point à être méprisée !

— Etre soupçonnée, c'est être méprisée déjà,

malheureuse femme! Tu tiens donc encore à l'estime d'un homme que tu ne peux plus prendre au sérieux? Quelle folie ! Allons, viens avec moi, que crains-tu? Que j'abuse de ton accablement et me rende digne, malgré toi, de la bonne opinion que Karol a de mon caractère? Moi, je ne suis pas un lâche, et s'il faut te rassurer davantage, je puis te dire que je ne suis plus amoureux de toi. Non, non, Dieu m'en préserve ! Tu es trop faible, trop crédule, trop absurde. Tu n'es pas la femme forte que je croyais; tu n'es qu'un enfant sans cervelle et sans fierté. Ta passion pour Karol m'a bien guéri, je te le jure, de celle que j'aurais pu concevoir pour toi. Allons, le temps presse. S'il venait en ce moment t'implorer, tu lui ouvrirais tes bras et tu lui ferais serment de ne jamais le quitter. Je te connais, fuyons donc ! Sauvons-le et

présentons-lui son fantôme comme une réalité. Qu'il te croie menteuse et galante ;
qu'il te haïsse, qu'il parte en te maudis-
sant, en secouant la poussière de ses pieds. Que
crains-tu ? l'opinion d'un fou ? Il ne te traduira
pas devant celle du monde ; il gardera un éternel silence sur son désastre. Si tu le veux, d'ailleurs, tu te justifieras plus tard. Mais, à présent, il faut couper le mal dans sa racine. Il faut
fuir.

— Tu n'oublies qu'une chose, Salvator, répondit la Lucrezia ; c'est que, coupable ou malheureux, je l'aime et l'aimerai toujours. Je
donnerais mon sang pour alléger sa souffrance,
et tu crois que je pourrais lui déchirer le
cœur pour reconquérir mon repos ! Ce serait
un étrange moyen !

— En ce cas, tu es lâche aussi, s'écria le

comte, et je t'abandonne! Souviens-toi de ce que je te dis ici : tu es perdue !

— Je le sais bien, répondit-elle ; mais avant de partir, tu te réconcilieras avec lui !

— Ne m'y pousse pas, je suis capable de le tuer. Je m'en vais de suite, c'est le plus sûr. Adieu, Lucrezia.

— Adieu, Salvator, lui dit-elle en se jetant dans ses bras, nous ne nous reverrons peut-être jamais !

Elle fondit en larmes, mais elle le laissa partir.

CHAPITRE XV.

Le jour qui suivit le départ de Salvator, avant
que le prince fut sorti de sa chambre, Lucrezia
était sortie de la maison. Elle s'était jetée seule
dans une barque, et retrouvant, pour se diriger elle-même, la vigueur de ses jeunes années,
elle avait traversé le lac. En face de la villa, sur

la rive opposée, il y avait un petit bois d'oliviers qui rappelait à la Floriani des souvenirs
d'amour et de jeunesse. C'est là qu'elle avait,
quinze ans auparavant, donné de fréquents ren-
dez-vous à son premier amant, Memmo Ranieri.
C'est là qu'elle lui avait dit, pour la première
fois, qu'elle l'aimait, c'est là qu'elle avait, plus
tard, concerté avec lui sa fuite. C'est là aussi
qu'elle s'était mainte fois cachée pour éviter
la surveillance de son père ou les poursuites de
Mangiafoco.

Depuis son retour au pays, elle n'avait pas
voulu retourner dans ce bosquet que son
premier amant avait nommé, dans son jeune
enthousiasme, le *bois sacré*. Or le voyait des
fenêtres de la villa. Parfois, dans les commen-
cements, les regards de la Lucrezia s'y étaient
arrêtés par mégarde ; mais, ne voulant pas ré-

veiller ses propres souvenirs, elle les en avait
détournés aussitôt qu'elle avait eu conscience
de sa rêverie. Depuis qu'elle aimait Karol, elle
avait souvent regardé le bois et admiré le développement des arbres, sans se souvenir de
Memmo et de l'ivresse de ses premières amours.
Cependant, par un instinct de délicatesse, elle
n'y avait jamais conduit les promenades de son
nouvel amant.

En quittant sa maison, quelques heures après
le brusque départ d'Albani, en s'aventurant au
hasard sur le lac, elle n'avait pas formé le des-
sein d'aller visiter le *bois sacré*. Elle souffrait,
elle avait la fièvre, elle éprouvait le besoin de
se retremper dans l'air du matin et de fortifier
son âme défaillante par le mouvement du corps.
Ce fut un instinct non raisonné, mais irrésisti-
ble qui la força à faire glisser sa nacelle dans

cette petite crique ombragée. Elle l'y laissa dans les broussailles, et, sautant sur la rive, elle s'enfonça dans l'épaisseur mystérieuse du bois.

Les oliviers avaient grandi, les ronces avaient poussé, les sentiers étaient plus étroits et plus sombres que par le passé. Plusieurs avaient été envahis par la végétation. Lucrezia eut peine à se reconnaître, à retrouver les chemins où jadis elle eût marché les yeux fermés. Elle cher·cha bien longtemps un gros arbre sous lequel son amant avait coutume de l'attendre, et qui portait encore ses initiales creusées par lui avec un couteau. Ces caractères étaient désormais bien difficiles à reconnaître; elle les devina plutôt qu'elle ne les vit. Enfin, elle s'assit sur l'herbe, au pied de cet arbre, et se plongea dans ses réflexions. Elle repassa dans sa mémoire les détails et l'ensemble de sa première passion, et les compara avec ceux de la dernière, non pour établir un parallèle entre deux hommes qu'elle ne songeait pas à juger froidement, mais pour interroger son propre cœur sur ce qu'il pouvait encore ressentir de passion et supporter de souffrances. Insensiblement elle se représenta avec suite et lucidité toute l'histoire de sa vie, tous ses essais de dévoûment, tous ses rêves de bonheur, toutes ses déceptions et toutes ses amertumes. Elle fut effrayée du récit qu'elle se faisait de sa propre existence, et se demanda si c'était bien elle qui avait pu se tromper tant de fois, et s'en apercevoir sans mourir ou sans devenir folle.

Il est peu d'instants dans la vie où une personne de ce caractère ait une faculté aussi nette de se consulter et de se résumer.

Les âmes dépourvues d'égoïsme et d'orgueil n'ont pas une vision bien nette d'elles-mêmes. A force d'être capables de tout, elles ne savent pas bien de quoi elles sont capables. Toujours remplies de l'amour des autres et préoccupées du soin de les servir, elles arrivent à s'oublier jusqu'à s'ignorer. Il n'était peut-être pas arrivé à la Floriani de s'examiner et de se définir trois fois en sa vie.

Ce qu'il y a de certain, c'est qu'elle ne l'avait encore jamais fait aussi complètement et avec une si entière certitude. Ce fut aussi la dernière fois qu'elle le fit, tout le reste de sa vie étant la conséquence prévue et acceptée de ce qu'elle put constater en ce moment solennel.

« — Voyons, se dit-elle, mon dernier amour est-il aussi ardent que le premier? Il l'a été davantage, mais il ne l'est déjà plus. Karol a détruit presque aussi vite que Memmo les illusions du bonheur.

« Mais ce dernier amour, déjà privé d'espérance, est-il moins profond et moins durable? Je le sens encore si tendre, si dévoué, si maternel, qu'il ne m'est point possible d'en prévoir la fin, et en cela il diffère du premier. Car je m'étais dit que si Memmo me trompait, je cesserais de l'aimer, au lieu que je me sens désabusée aujourd'hui sans pouvoir me convaincre que je pourrai guérir. Il est vrai que j'ai pardonné beaucoup et longtemps à Memmo; mais je me rendais compte, chaque fois, d'une diminution sensible dans mon affection, au lieu qu'aujourd'hui l'affection persiste et ne diminue point en raison de ma souffrance.

« D'où vient cela? Était-ce la faute de

Memmo ou la mienne, si, plus jeune et plus forte, je me détachais de lui plus aisément que je ne puis le faire aujourd'hui de Karol? C'était peut-être un peu sa faute, mais je pense que c'était encore plus la mienne.

« C'était surtout la faute de la jeunesse. L'amour était lié alors en nous au sentiment et au besoin d'être heureux. Je me croyais aveuglément dévouée, et, dans toutes mes actions, je me sacrifiai : mais si l'amour ne résista point à des sacrifices trop grands et trop répétés, c'est qu'à mon insu j'avais un fonds de personnalité. N'est-ce point le fait et le droit de la jeunesse? Oui, sans doute, elle aspire au bonheur, elle se sent des forces pour le chercher, et croit qu'elle en aura pour le retenir. Elle ne serait point l'âge de l'énergie, de l'inquiétude et des grands efforts, si elle n'était mue par l'ambition des grandes victoires et l'appétit des grandes félicités.

« Aujourd'hui, que me reste-t-il de mes illusions successives? la certitude qu'elles ne pouvaient pas et ne devaient pas se réaliser. C'est ce qu'on appelle la raison, triste conquête de l'expérience! Mais comme il n'est pas plus facile de chasser la raison quand elle vient habiter en nous, que de l'appeler quand nous ne sommes pas assez forts pour la recevoir, il serait vain et coupable, peut-être, de maudire ses froids bienfaits, ses durs conseils. Allons, voici le jour de te saluer et de t'accepter, sagesse sans pitié, jugement sans appel !

« Que veux-tu de moi? parle, éclaire ; dois-je m'abstenir d'aimer? Ici tu me renvoies à mon instinct; suis-je encore capable d'aimer? Oui, plus que jamais, puisque c'est l'essence de ma vie, et que je me sens vivre avec intensité par la douleur ; si je ne pouvais plus aimer, je ne pourrais plus souffrir. Je souffre, donc j'aime et j'existe.

« Alors, à quoi faut-il renoncer ? à l'espérance du bonheur? Sans doute; il me semble que je ne peux plus espérer ; et pourtant l'espérance c'est le désir, et ne pas désirer le bonheur c'est contraire aux instincts et aux droits de l'humanité. La raison ne peut rien prescrire qui soit en dehors des lois de la nature ! »

Ici, Lucrezia fut embarrassée. Elle rêva longtemps, se perdit dans des divagations apparentes, dans des souvenirs qui semblaient n'avoir rien de commun avec sa recherche laborieuse. Mais tout sert de fil conducteur aux âmes droites et simples. Elle se retrouva au milieu de ce dédale, et reprit ainsi son raisonnement. Patience, lec-

teur, si tu es encore jeune, il te servira peut-
être à toi-même.

« C'est, pensa-t-elle, qu'il s'agirait de définir
le bonheur. Il y en a de plusieurs sortes, il y en
a pour tous les âges de la vie. L'enfance songe
à elle-même, la jeunesse songe à se compléter
par un être associé à ses propres joies ; l'âge mûr
doit songer que, bien ou mal fournie, sa carrière personnelle va finir, et qu'il faut s'occuper exclusivement du bonheur d'autrui. Je
m'étais dit cela avant l'âge, je l'avais senti,
mais pas aussi complétement que je peux et
que je dois le croire et le sentir aujourd'hui.
Mon bonheur, je ne le puiserai plus dans les satisfactions qui auront mon *moi* pour objet. Est-
ce que j'aime mes enfants à cause du plaisir
que j'ai à les voir et à les caresser ? Est-ce que
mon amour pour eux diminue quand ils me font

souffrir? C'est quand je les vois heureux que je
le suis moi-même. Non, vraiment, à un certain
âge, il n'y a plus de bonheur que celui qu'on
donne. En chercher un autre est insensé. C'est
vouloir violer la loi divine, qui ne nous permet
plus de régner par la beauté et de charmer par
la candeur.

« J'essaierai donc plus que jamais de rendre
heureux ceux que j'aime, sans m'inquiéter,
sans seulement m'occuper de ce qu'ils me fe-
ront souffrir. Par cette résolution, j'obéirai au
besoin d'aimer que j'éprouve encore et aux instincts de bonheur que je puis satisfaire. Je ne
demanderai plus l'idéal sur la terre, la confiance et l'enthousiasme à l'amour, la justice et
la raison à la nature humaine. J'accepterai les
erreurs et les fautes, non plus avec l'espoir de
les corriger et de jouir de ma conquête, mais

avec le désir de les atténuer et de compenser,
par ma tendresse, le mal qu'elles font à ceux
qui s'y abandonnent. Ce sera la conclusion logique de toute ma vie. J'aurai enfin dégagé
cette solution bien nette des nuages où je la
cherchais. »

Avant de quitter le bois d'oliviers, la Floriani
rêva encore pour se reposer d'avoir pensé. Elle
se représenta l'illusion récente de son bonheur
avec Karol et de celui qu'elle avait cru pouvoir
lui donner. Elle se dit que c'était une faute de
sa part d'avoir caressé un si beau rêve, après
tant de déceptions et d'erreurs, et elle se demanda si elle devait s'en humilier devant Dieu
ou se plaindre à lui d'avoir été soumise à une
si dévorante épreuve.

Elle avait été si brillante et si suave, cette
courte phase de sa dernière ivresse ! c'était la

plus complète, la plus pure de sa vie, et elle
était déjà finie pour jamais ! Elle sentait bien
qu'il serait inutile d'en chercher une semblable
avec un autre amant, car il n'y avait pas sur la
terre une seconde nature aussi exclusive et aussi
passionnée que celle de Karol, une âme aussi
riche en transports, aussi puissante pour l'extase et le sentiment de l'adoration.

« — Eh bien, n'est-il plus le même? se disait-
elle. Quand le démon qui le tourmente s'endort,
ne redevient-il pas ce qu'il était auparavant ?
ne semble-t-il pas, au contraire, qu'il soit plus
ardent et plus enivré que dans les premiers
jours? Pourquoi ne m'habituerais-je pas à souffrir des jours et des semaines, pour oublier tout,
dans ces heures de célestes ravissements ? »

Mais là elle était arrêtée dans sa chimère par
la lumière funeste qui s'était faite en elle. Elle

sentait que son esprit, plus juste et plus logique
que celui de Karol, n'avait pas la faculté d'oublier en un instant ses propres tortures. Elle se
rappelait, dans ses bras, l'affront que sa jalousie venait de lui infliger, elle ne pouvait comprendre ce don terrible et bizarre qu'ont certains êtres de mépriser ce qu'ils adorent, et d'a-
dorer ce qu'ils méprisent. Elle ne pouvait plus
croire au bonheur, elle ne le sentait plus. Elle
en avait perdu la puissance.

« — Pardonne-moi, mon Dieu, s'écria-t-elle
dans son cœur, de donner un dernier regret à
cette joie parfaite que tu m'as laissé connaître si
tard et que tu me retires si vite ! Je ne blas-
phèmerai point contre ton bienfait ; je ne dirai
pas que tu t'es joué de moi. Tu as voulu briser
ma raison, je ne me suis pas défendue. J'ai cédé
naïvement, comme toujours, au délire, et main-

tenant, dans ma détresse, je n'oublie pas que cette folie était le bonheur. Sois donc béni, ô mon Dieu! et, avec toi, la main qui caresse et qui terrasse! »

Alors la Floriani fut saisie d'une immense douleur, en disant un éternel adieu à ses chères illusions. Elle se roula par terre, noyée de larmes. Elle exhala les sanglots qui se pressaient dans sa poitrine en cris étouffés. Elle voulut donner cours à une faiblesse qu'elle sentait devoir être la dernière, et à des pleurs qui ne devaient plus couler.

Quand elle fut appaisée par une fatigue accablante, elle dit adieu au vieux olivier, témoin de ses premières joies et de ses derniers combats. Elle sortit du bois et elle n'y revint jamais; mais elle souhaita toujours d'exhaler son dernier soupir sous cet ombrage tutélaire ; et, chaque fois qu'elle se sentit faiblir, des fenêtres de sa villa, elle regarda le *bois sacré*, songeant au calice d'amertume qu'elle y avait épuisé, et cherchant dans le souvenir de cette dernière crise un instinct de force pour se défendre et de l'espérance et du désespoir.

CHAPITRE XVI.

Me voici arrivé, cher lecteur, au terme que
je m'étais proposé, et le reste ne sera plus de
ma part qu'un acte de complaisance pour ceux
qui veulent absolument un dénouement quelconque.

Toi, lecteur sensé, je gage que tu es de mon

avis, et que tu trouves les dénouements fort inu-
tiles. Si je suivais en ce point ma conviction et
ma fantaisie, aucun roman ne finirait, afin de
mieux ressembler à la vie réelle. Quelles sont
donc les histoires d'amour qui s'arrêtent d'une
manière absolue par la rupture ou par le bonheur, par l'infidélité ou par le sacrement? Quels
sont les événements qui fixent notre existence
dans des conditions durables? Je conviens qu'il
n'y a rien de plus joli au monde que l'antique
formule de conclusion : « Ils vécurent beaucoup
d'années et furent toujours heureux. » Cela se
disait dans la littérature antéhistorique, dans
les temps fabuleux. Heureux temps, si l'on
croyait à de si doux mensonges !

Mais aujourd'hui nous ne croyons plus à rien,
nous rions quand nous lisons cette ritournelle
charmante.

Un roman n'est jamais qu'un épisode dans la vie. Je viens de vous raconter ce qui pouvait offrir unité de temps et de lieu dans les amours du prince de Roswald et de la comédienne Lucrezia. Maintenant, est-ce que vous voulez savoir le reste? Est-ce que vous ne pourriez pas me le raconter vous-mêmes? Est-ce que vous ne voyez pas mieux que moi où vont les caractères de mes personnages? Est-ce que vous tenez à savoir les faits?

Si vous l'exigez, je ne serai pas long, et je ne vous causerai aucune surprise, puisque je m'y suis engagé. Ils s'aimèrent longtemps et vécurent très-malheureux. Leur amour fut une lutte acharnée, à qui absorberait l'autre. La seule différence entre eux, c'est que la Floriani eût voulu modifier le caractère et calmer l'esprit de Karol pour le rendre heureux comme

tout le monde, tandis que lui, eût voulu renouveler entièrement l'être qu'il adorait pour se
l'assimiler et goûter avec lui un bonheur impossible.

Certes, si l'on voulait tout suivre et tout ana-
lyser, il y aurait encore dix volumes à faire, un
pour chaque année qu'ils subirent attachés au
même boulet. Ces dix volumes pourraient être
instructifs, mais risqueraient de devenir encore
un peu plus monotones que les deux que voici.
En somme, la Floriani supporta toutes les in-
justices de son amant avec une persévérance
inouïe, et Karol méconnut le dévouement et la
loyauté de sa maîtresse avec une obstination in-
concevable. Rien ne put le guérir de sa jalousie, parce qu'il n'était pas dans la nature de sa
passion de s'éclairer et de s'adoucir. Jamais
femme ne fut plus ardemment aimée; et, en

même temps, plus calomniée et plus avilie dans le cœur de son amant.

Elle avait toujours demandé à Dieu de lui faire rencontrer une âme exclusivement livrée à l'amour comme la sienne. Elle fut trop exaucée ; celle de Karol lui versa des torrents d'amour et de fiel, intarissables.

Ce que Salvator leur avait prédit se réalisa à certains égards. Le monde découvrit la retraite de la Floriani et vint l'y saluer. Ses anciens amis accoururent ; il y en eut de toutes sortes. Boccaferri eut son tour, et, par parenthèse, il se trouva que Boccaferri avait soixante-dix ans. Aucun ne causa le plus léger motif de jalousie à Karol : tous furent l'objet de sa mortelle jalousie et de son irréconciliable aversion. La Floriani combattit avec bravoure pour préserver la dignité de ceux qui méritaient des égards. Elle

en abandonna, en riant, quelques-uns à la fé-
rule de Karol, et se préserva du plus grand
nombre. Elle ne voulut pourtant pas être lâche,
et chasser, pour lui complaire, des êtres malheureux et dignes d'intérêt ou de pitié. Il lui
en fit des crimes irrémissibles, et, dix ans après,
quand leur nom revenait dans la conversation,
il s'écriait avec une conviction qui eût été co-
mique si elle n'eût été déplorable : « Je ne
pourrai jamais oublier *le mal* que m'a fait cet
homme-là ! » Et tout ce mal consistait à n'a-
voir pas été mis à la porte, sans motif, par la
Floriani.

Elle essaya de le distraire, de le faire voyager,
de le quitter même pendant quelques moments
de l'année. Il traînait sa jalousie partout, il ab-
horrait les postillons et les aubergistes, et ne
fermait pas l'œil en voyage, pensant qu'on allait

toujours lui dérober son trésor. Il jetait l'argent à pleines mains, mais, en amour, il était avare jusqu'à la frénésie. Quand il était séparé de Lucrezia pendant quelques semaines, dévoré des mêmes inquiétudes, il tombait malade, parce qu'il ne voulait les confier à personne et ne pouvait en faire retomber l'amertume sur celle qui les causait innocemment. Elle était forcée de le rappeler. Il reprenait la santé et la vie dès qu'il pouvait la faire souffrir.

Il l'aimait tant, il était si fidèle, si absorbé, si enchaîné, il parlait d'elle avec tant de respect, que c'eût été une gloire pour une femme vaine. Mais la Floriani ne détestait personne assez pour lui souhaiter ce genre de bonheur.

Il finit par triompher, comme il arrive toujours aux volontés acharnées à un but unique.

Il ramena la Floriani à la villa, qui était encore le lieu le plus retiré qu'ils pussent trouver, et là, il réussit à la séquestrer et à l'isoler si bien, qu'elle passa pour morte, longtemps avant de l'être.

Elle s'éteignit comme une flamme privée d'air. Son supplice fut lent, mais sans relâche. Il faut des années pour détruire à coups d'épingles un être robuste au moral et au physique. Elle s'habituait à tout; personne ne savait renoncer comme elle aux satisfactions de la vie. Elle céda toujours, tout en ayant l'air de se défendre; elle n'eût résisté qu'à des caprices qui eussent fait le malheur de ses enfants. Mais Karol, malgré ce qu'il souffrait de ce partage, n'essaya jamais de les éloigner un seul instant de leur mère. Il employa tout ce qu'il possédait d'empire sur lui-même à ne leur jamais laisser voir qu'elle était sa victime et qu'il s'arrogeait sur elle un droit de propriété absolue.

La comédie fut si bien jouée, et Lucrezia fut si calme et si résignée, que personne ne se douta de son malheur; les enfants étaient arrivés à aimer le prince, excepté Célio, qui était poli avec lui et ne lui parlait jamais.

La Floriani, mise ainsi au secret, ne regrettait pas le monde et ses amis. Elle les avait quittés volontairement, une première fois, elle les quittait encore, par complaisance il est vrai, mais sans amertume. Elle aimait la retraite, le travail, la campagne. Elle se consacrait exclusivement à l'éducation de ses enfants, et enseignait à Célio l'art du théâtre pour lequel il montrait une vocation passionnée.

Mais Karol, privé enfin de sujets de jalousie, trouva le moyen de lutter contre les idées, les

études et les opinions de la Floriani. Il la per-
sécutait poliment et gracieusement sur toutes
choses, il n'était de son goût et de son avis sur
aucune. L'inaction le dévorait ; ayant consacré
à la possession d'une femme toutes les puis-
sances de sa volonté et toutes les minutes de
son existence, il était, au moral, le despote le
plus archarné, comme, au physique, il était le
geôlier le plus vigilant. La pauvre Floriani vit sa
dernière consolation empoisonnée, lorsque l'esprit de contradiction et l'âpreté d'une contro-
verse puérile et irritante la poursuivirent jusque
dans le sanctuaire de sa vie le plus respectable
et le plus pur. « Elle avait tort de consentir à ce
que Célio fût comédien ; c'était un métier infâme. Elle avait tort d'enseigner le chant à Béatrice, et la peinture à Stella ; des femmes ne
doivent point être trop artistes. Elle avait tort

de laisser le père Menapace amasser de l'argent;
enfin elle avait tort de ne pas contrarier la vocation et les instincts de tous les siens, outre
qu'elle avait tort d'aimer les animaux, de faire
cas des scabieuses, de préférer le bleu au blanc,
que sais-je! elle avait toujours tort. »

Un beau jour, la Floriani eut quarante ans.
Elle n'était plus belle; condamnée à une inaction contraire à ses besoins d'activité, elle avait
pourtant perdu son embonpoint. Elle était
jaune, et, sans ses beaux yeux calmes et profonds, sans sa distinction et sa grâce tranquille,
sans la franchise de sa physionomie souriante,
elle eût fait peine à voir, après avoir été la plus
belle femme de l'Italie. Il est vrai que le prince
la trouvait toujours plus séduisante et plus dan-
gereuse pour le repos des humains, à mesure
qu'il la faisait vieillir et enlaidir. Il était aussi

amoureux que le premier jour ; il ne pouvait
se persuader que les jeunes gens ne devien-
draient pas épris d'elle jusqu'à la folie, si par
malheur ils la voyaient.

Quant à elle, elle se sentit tout à coup lasse
d'arriver aux souffrances et aux infirmités d'une
vieillesse prématurée, sans en recueillir les
fruits, sans inspirer de confiance à son amant,
sans avoir conquis son estime, sans avoir cessé
d'être aimée de lui comme une maîtresse et
non comme une amie. Elle soupira, en se disant qu'elle avait travaillé en vain dans sa jeunesse pour inspirer l'amour, et dans son âge
mûr pour inspirer le respect. Elle sentait pourtant qu'à ces différents âges, elle avait mérité
ce qu'elle cherchait. Elle embrassa ses enfants,
un soir, en leur disant avec un accent qui les
fit tressaillir au milieu de leur sérénité habi-

tuelle : « Vous êtes tout pour moi, et si je désire vivre encore quelques années, c'est pour vous seuls. »

En effet, elle n'aimait plus Karol, il avait comblé la mesure, avec une goutte d'eau sans doute, mais la coupe débordait; le vase trop plein et comprimé se brise. La Floriani garda le silence, même avec Salvator, qui était venu enfin la voir, sans pouvoir toutefois se réconcilier bien cordialement avec le prince. Elle sentit qu'elle se brisait, mais elle était brave et ne voulait point croire la mort prochaine. Elle voulait au moins faire débuter Célio, marier Stella; la veille de sa mort, elle fit avec eux les plus beaux projets du monde, mais hélas! l'amour était sa vie; en cessant d'aimer elle devait cesser de vivre.

Le matin, elle alla s'asseoir dans la chau-

mière de son père. Célio l'avait accompagnée ;
elle paraissait mieux portante, parce que sa figure était gonflée ; elle ne se plaignait jamais,
de peur d'inquiéter ses enfants. Elle plaisanta
Biffi sur sa toilette du dimanche. Puis, elle se
leva en entendant sonner le déjeûner. Tout-à-
coup, elle fit un grand cri, étreignit avec force
le cou de son fils, et retomba en souriant sur la
même chaise, où, petite paysanne, elle avait
filé tant de fois sa quenouille chargée de lin.

Célio avait vingt-deux ans alors, il était
grand, beau et robuste ; il prit sa mère dans ses
bras, la croyant évanouie. Il marcha ainsi vers
le parc : mais, au moment de franchir la grille,
il se trouva en face de Karol et de Salvator Albani, qui venaient de chercher la Lucrezia pour
déjeuner. Karol ne comprit pas, et resta comme
une statue. Salvator comprit tout de suite, et

sans pitié pour lui, car il avait bien deviné que la mort de Lucrezia était son œuvre incessante, il lui dit à voix basse en le poussant en arrière : «Courez aux autres enfants, emmenez-les, cela les tuerait. Leur mère est morte!»

Ce dernier mot frappa au cœur de Célio. Il regarda le visage de sa mère, il vit qu'elle était morte en effet, quoiqu'elle eût encore l'œil ouvert et tranquille, et la bouche souriante. Il tomba évanoui avec le cadavre sur le seuil du parc.

Karol ne vit rien de ce qui se passait. Une heure après, il était seul, toujours debout devant la grille, pétrifié, hébété. Il lisait sur une pierre qui se trouvait en face de lui, un vers que le temps et la pluie n'avaient jamais pu effacer :

« Lasciate ogni speranza, voi ch'intrate ! »

Il le relisait et cherchait à se rappeler en quelle circonstance il l'avait déjà remarqué. Il avait perdu le sentiment de la douleur.

En mourut-il ou devint-il fou? Il serait trop facile d'en finir ainsi avec lui; je n'en dirai plus rien... à moins qu'il ne me prenne envie de recommencer un roman où Célio, Stella, les deux Salvator, Béatrice, Menapace, Biffi, Tealdo Soavi, Vandoni et même Boccaferri, joueront leurs rôles autour du prince Karol. C'est bien assez de tuer le personnage principal, sans être forcé de récompenser, de punir ou de sacrifier un à un tous les autres.

FIN.